平和への軌跡

Lucus For Peace

世界の平和と子どもたちの幸福を願う
創価教育のネットワークは世界へと広がる!!

毎年、大きな感動を呼んでいる全国人間教育実践報告大会
（北海道・札幌コンベンションセンター）[2007.10.7]

海外
交流

日本创价学会访华团昨日
访问北京巨人教育集团

本报讯 7月23日上午，北京巨人教育集团在位于德胜门的盟校民族团结小学礼堂举行了欢迎日本创价学会访华团大会。这是继今年5月北京巨人学校教师赴日代表团访问了创价学园时隔2个月后和创价友人的再一次相聚。中国对外文化交流协会常务副会长、原文化部副部长刘德有应邀出席了欢迎大会。

创价学会在日本有着

日中友好教育本部交流団
2006・7・22～27

孩子们跳起欢快的皮筋舞；小书法家、小美术家为欢迎日本友人当场表演，他们用自己的书法绘画作品传递情谊；刚回国的巨人学校首届特优生"友谊之旅"赴日代表团也登台亮相，小团员汇报了与日本小朋友交流的体会，并用新学会的日语齐唱了《幸福拍手歌》，随着歌声的节拍台上台下拍手呼应，使欢乐互动的感人场面达到了高潮。访问团成员还赠送了礼物给巨人小学员，

教育本部の訪中団の模様が「巨人報」（中国・北京巨人教育集団の機関誌）で紹介された［2006.9］

創価学会教育本部の日中友好教育者交流団が中日友好協会と共催で教育実践報告交流会を開催［2006.7.25］

Lucus For Peace

展示
啓発活動

教育本部が制作した展示会「輝く子どもと人間教育プラザ」を開催
（神奈川・横浜産貿ホール）［2005.11.3］

示「世界の教科書展」は全国を巡回し、好評を博した
東京・池袋サンシャインシティ文化会館）

講演会

創価教育の父・牧口常三郎初代会長の
生誕137周年を記念した講演会を開催
（埼玉・蕨市民会館）［2008.6.6］

平和の世紀へ

子どもの幸せをめざして

創価学会教育本部 編

鳳書院

はじめに

人類はいま、重大な岐路《きろ》に立たされています。ホモ・サピエンス（叡知人《えいちじん》）として、ホモ・ロクエンス（言語人）として、その真価、即《すなわ》ちいかに知恵のある対話を重ねて「平和の世紀」を創出していかれるかが問われています。

２００８年4月28日から5月8日までスイス・ジュネーブの国連欧州本部で開かれたＳＧＩ（創価学会インタナショナル）制作・主催の国際展示「核兵器廃絶《はいぜつ》への挑戦と人間精神の変革」が大反響を呼びました。

この展示はＮＰＴ（核拡散防止条約）再検討会議に向けての第2回準備委員会の関連行事でした。同展に寄せたメッセージで池田大作ＳＧＩ会長は、こう訴えています。

「〝開かれた心〟による『対話』を通して①互いの苦しみや痛みをわかり合おうとする『同苦《どうく》』の心②同じ時代を生きる人間として、直面する課題に共に立ち向かおうとする『連帯《れんたい》』の心③未来の世代に、平和と共生の地球社会への道を切り開こうとする

『責任感』を共に育《はぐく》み発揮していく生き方こそが『平和の文化』の核心である」と。

人間の幸福と人類の平和を願って「立正安国論」を著された日蓮大聖人の戦いも「対話」によるものでした。創価学会の牧口常三郎初代会長も「人生に関する問題は対話でなくては相手に通じない」と語っており、戸田城聖第二代会長も「人と語るということは戦うということであり、また結び合うということだ」と述べています。

創価学会では一貫して「対話」を重視してきました。池田SGI会長が強調するように、人間主義に基づく〝開かれた心〟による「対話」こそが、一人ひとりの〝内なる変革〟を促《うなが》す最良の方途であり、「平和の文化」を築きゆく「平和への王道」にほかなりません。

子どもたちの幸福と世界の平和を願う教育の現場でも、基本となるものは「対話」です。「開かれた対話」を通して子どもたちとの一対一のかかわりを深め、子ども同士の励まし合いを豊かにしていくとともに、教師と子どもが共々に成長していくために日々の教育実践を綴《つづ》り、より充実したものへと高めていく地道な努力が欠かせません。

偉大な教育者であった牧口初代会長の大著『創価教育学体系』も、折々に書いたメモから生まれました。このことを通しながら、池田SGI会長は1984年（昭和59年）8月に発表した「教育の目指すべき道――私の所感」の中で〝教育実践記録の着実な蓄積《ちくせき》を〟と、大きな期待を寄せました。以来、教育本部のメンバーは、子どもたちとのかかわりの中で地道に、着実に教育実践記録を綴《つづ》ってきました。それがいま、3万事例を超す豊かな〝教育の泉〟ともなっています。

第1章「平和を育む教育実践――希望の未来開く『世界市民』の輩出を」で紹介している教育実践は、その中から取り上げたものです。

もとより平和のための教育といっても、それは、生命の尊厳《そんげん》を基調にして子どもたち一人ひとりを最大に尊重《そんちょう》していく実践から、世界に目を向ける具体的な取り組みまで、極めて多岐《たき》にわたっています。そうした観点から本書に取り上げた9題の教育実践は実に幅広い内容となっており、教育現場への認識を深められたり、これなら自分でも取り組めると共感され、実践に移していく教育者の方が出てこられるならば、刊行委員会としてこれ以上に喜ばしいことはありません。その意味から、資料として現在、教育本部で進めている教育実践記録の具体的な取り組み方を収録してあります。

また、巻頭には人間教育のネットワークを広げるために、全国各地で開催している人間教育実践報告大会をはじめ、教育本部の様々な活動の一端を紹介した口絵を配しています。あわせてご参考にしていただければ幸いです。

続く第2章では「平和の世紀へ――『対話の力』を高める教育を」とのテーマによる対談を収録しています。一貫して「開かれた対話」を訴え続ける渡邊弘宇都宮大学教授と進行役を兼ねる宮本発教育本部長の語らいは、「〝平和の文化〟を花開かせる土壌は〝対話の力〟を高めるところにある」との観点から、教育現場における子どもたちとの「生きた対話」のあり方まで実に示唆《しさ》に富むものとなっています。

未来を担う主人公の生き生きとした成長の基盤ともなる「対話力」を磨く教育を広げていくうえで、教育現場で汗を流される皆さんの一助となっていくことでしょう。

最後に、本書の出版を引き受けてくださった鳳書院の関係者の方々に、心より御礼申し上げます。

２００８年10月2日『世界平和の日』

創価学会教育本部『平和の世紀へ――子どもの幸せをめざして』刊行委員会

CONTENTS

第2章　対　談

装幀・口絵デザイン	丹羽 美佐代
本文レイアウト	hosoyo
挿画	三河 啓子
編集ディレクション	朝川 桂子
写真提供	聖教新聞社

第1章

平和を育む教育実践

希望の未来開く「世界市民」の輩出を

命《ぬち》どぅ宝——沖縄からのメッセージ

高等学校教諭　久山　賢一（沖縄）

「辱《はずかし》めを受けぬ　前に死ね、／手りゅうだんを下さい／鎌《かま》で鍬《くわ》で　カミソリでやれ／親は子を夫は妻を／若者はとしよりを／エメラルドの海は紅に／集団自決とは　手を下さない虐殺《ぎゃくさつ》である」

これは、丸木《まるき》位里《いり》さん・俊《とし》さん夫妻の描いた「沖縄戦の図」に添えられた詩です。

沖縄戦がなぜ悲惨《ひさん》なのか。それは愛するもの同士が殺し合う〝集団自決〟に追い込まれていったからです。〝敵の辱めを受けるくらいなら死を選べ〟との軍国教育が徹底された沖縄。人々は〝どう生きるか〟ではなく〝どう死ぬか〟を教わってきたのです。

〝教育は人をも殺す〟――この事実を知ったことが、私が平和教育を志す動機の一つになりました。

私の教員としての初任校は、沖縄本島中部にあり、広大な米軍基地を見下ろせる場所に立つ県立高校でした。ここで、私が〝平和教育〟とは何かを考えるきっかけになった出来事がありました。

ある日の授業中、平和教育の一環で、沖縄の基地問題を話していると、男子生徒の一人が不服そうな表情をしながら、目に涙を浮かべているのです。気になった私は授業終了後、彼を呼んで話を聞いてみました。そして、父親が米国の軍人であることを知りました。

「お父さんの仕事は、沖縄の人に迷惑をかけているのですか？」

こう質問され一瞬戸惑《とまど》いましたが、私の言いたかった真意は、単純な反米や反基地ではなく、沖縄には基地に関する問題が多々あるという事実を知ってほしかったのだと話しました。ただその時、深く掘り下げないままに語ったことが、生徒の心を傷つけてしまった、との後悔の念がいつまでも残りました。

沖縄では米軍関係者の家族が多く、私の学校にも5、6人の生徒がいました。基地が存在するゆえのさまざまな問題も生じています。しかし、沖縄の人たちは本音では、アメリカ人とは仲良くしていきたいと思っているのです。反米や反基地という単純化した問題提起は、沖縄の人々の複雑な事情、関係者の感情を正しく理解することを妨《さまた》げることになりかねません。言い換えれば、イデオロギーや政治に左右されたり、利用されかねないような平和教育は、純粋な青少年の心には響《ひび》きません。〝なぜ戦争が起こるのか〟〝なぜ戦争が悲惨《ひさん》なのか〟を生徒たちに考えさせ、深化させていくことが重要だと感じました。

■〝自分のこと〟として想像する力こそ

沖縄では6月23日は〝慰霊《いれい》の日〟として「沖縄全戦没者追悼式《ついとうしき》」が開かれ、島は祈りに包まれます。県内の学校でも毎年、その前後に平和教育が行われます。

5年前に赴任《ふにん》した高校では、慰霊の日には、その高校独自で遺族を招待して慰霊祭を行っていました。ところが、式典の最中、生徒がおしゃべりをし出したのです。確かに炎天下《えんてんか》、1時間以上も立ったままというのは、生徒たちにはきついことだったたかもしれません。しかし、中には談笑する生徒もいたのです。参列者の老婦人が悲しそうな顔で訴えかけてきました。

「私たちは亡くなった友だちに会いにここに来ているの、少しだけ静かにしてちょうだいね」

式典後、どういう気持ちでおしゃべりをしていたかをクラスで話し合いました。最初は口を閉ざしていた生徒たちも、少しずつ本音を語り出していきました。

「炎天下、ずっと立たされたら疲れる」「平和の話は中学でも何回も聞いたので飽《あ》きた」「残酷《ざんこく》な話を聞くと、暗くなるし、落ち込むからいや」

私は戦争体験の風化に加え、平和教育が形式化・パターン化しているのではないかと感じるとともに、私たち教員の中に、高校生にもなれば言わなくてもわかるだろうという、安易な思い込みがあったのではないかとも思いました。

そこでまず、「そこに参列している〝身近なおじい・おばあ〟の気持ちを想像してみよう」とロングホームルームを持つことにしました。すると、「自分がされたらうれしくないことをするのはわがままだ」「70～80歳のおじいやおばあが暑い中、祈りを捧《ささ》げにきているのに、若い自分たちが邪魔《じゃま》をするのは失礼だ」という意見が出るなど、生徒たちは〝他人の気持ちになって物事を考えることが大事だ〟と気づいていったのです。また、戦争体験の風化を食い止めるには生徒たちの〝実像〟を知る必要があると考え、同僚や知り合いの教員に呼びかけ、「沖縄戦をどうして知ったのか」「誰から聞いたのか」「平和のイメージとは」「平和になるためには」などを問うアンケートを実施しました。その結果、小中高合わせて1000名以上のアンケートが集まりました。沖縄戦を知った理由は「学校で教わった」が約5割の第1位で、学校における平和教育の重要性を痛感しました。また、両親よりも祖父母から聞いた子どもたちの割合が多く、次世代に語り継ぐことの難しさが浮き彫りになりました。

さらに感じたことは、「平和のイメージとは」「平和になるためには」の項目に対して抽象的な答えや意見が多かったことです。平和教育でただ平和を叫んでも、生徒たちにはピンときていない実態が現れていると思われてなりませんでした。

そこで私は、平和教育を進めるにあたって、沖縄戦を体験した人のことを自分のこととして具体的に想像することから始めました。身近な人の気持ちを理解することなしに、当時の戦争のことをイメージさせるのは難しいと考えたからです。

例えば、授業の最初にピンポン玉よりも少し小さいおにぎりをみんなに見せて、「これはいったいなんだろう?」と問いかけてみます。すると生徒たちは「先生のおにぎり?」「子どものごはん?」とワイワイ言いながら答えます。「これは、ひめゆり学徒隊や負傷兵の一日の食事だよ」と話すと一瞬、皆が静まりました。

「たったこれだけ?」「こんなんじゃ死んじゃうよ」

こうして自分がこれだけの食事で何カ月も耐えられるか、生徒は一人ひとり考え始めるのです。また、クイズ形式で戦争の史実を学ばせたり、祖父母に戦争体験を聞き取らせる宿題を学年全体で行うなど、戦争体験の伝承《でんしょう》も心がけました。

こうした取り組みを重ね、1年後の慰霊《いれい》式典ではこう呼びかけました。

「おじい・おばあの気持ちが少しでもわかるように、式典の1時間は当時と同じ暑い中、私語なしで起立の姿勢のままで頑張ってみよう」「他人の苦しみと同じ立場に立つ〝同苦《どうく》の精神〟を持つことが、平和を考える最初の一歩だよ!」と。

その結果、前年と違い、職員や参列者からも驚かれるほど静かな式典となったのです。式典後、「おじいたちのほうがおしゃべりしてたさ〜」と笑う生徒たち。

私は、特に式典中に貧血で倒れてしまった生徒の言葉が忘れられません。

「貧血でさえこんなにつらいのに当時、倒れていった人はつらかっただろうなぁ。倒れてみて初めて考えた。僕は大丈夫。勉強になりました」

びっくりすると同時にうれしくもありました。そして、大切なことは式典を成功させるための指導ではなく、式典の意義を教員がきちんと訴えることだと知りました。

■〝いじめ〟や〝偏見〟も戦争と同じ暴力

平常の授業では、マハトマ＝ガンジー、オスカー・シンドラー、杉原千畝《すぎはらちうね》氏を紹介し、戦後の人権闘争史としてキング博士、ローザ・パークス女史、ネルソン・マンデラ氏を取り上げて、人の命や人権を守るために戦争や差別等、困難に立ち向かった人間の勇気を紹介していきました。

こうした取り組みを重ねること数年。あるとき、卒業生が私のところに挨拶《あいさつ》にきました。大学で歴史を専攻しているという彼女に「なぜ歴史を専攻したの？」と聞くと、「最初は別の進路を考えていたのですが、先生の授業を受けて、歴史や平和のことに興味が出てきて、志望先を変更したんですよ」という答えが返ってきました。それればかりか、「恵まれない世界の子どもたちを救いたい。まだ、自分に何ができるかわからないけれど、沖縄のため、世界のため、平和のためにできることを探して、勉強しています」とも語ってくれたのです。

世界史の教員として、常々歴史を学んでこそ平和への行動が本物になると、訴えてきたことが、生徒に伝わっていると実感するとともに〝教員のひと言は、ときに教え子の人生を変えるのだ〟と責任の重大さを再認識する瞬間ともなりました。

沖縄には、「命《ヌチ》どぅ宝」（命こそ宝）という意味の言葉があります。沖縄を訪れた核時代平和財団のデイビッド・クリーガー所長は、「命こそ宝」であるという真理を瞬間、瞬間、感じられれば、社会は平和になるに違いない、と語っています。

戦争がない状態が平和なのではありません。〝平和〟の反対は〝暴力《ぼうりょく》〟なのです。いまの日本は、暴力が横行《おうこう》しています。〝いじめ〟も暴力、〝偏見《へんけん》〟も暴力です。いまこそ、人間の内面にある〝暴力〟的な気持ちや考え方を克服していく力が求められているのではないでしょうか。

平和資料館で生徒たちと語り合う

池田SGI会長はラテン・アメリカ工科大学のセルメーニョ学長の「教育とは、人間に〝生命への慈《いつく》しみ〟を教え込む仕事です」との言葉を紹介しながら「教育は『全ての暴《ぼう》力《りょく》』を封じ込める英知の開発でなければならない」（「池田SGI会長の素晴らしき出会い」）と述べています。

全人格を懸《か》けて生徒たちにかかわっていくのが教員の仕事であり、使命にほかなりません。「命《ぬち》どぅ宝」――自分の命も他の人の命もかけがえのない同じ宝なのだという心を、いま一度、私たち大人が、しっかり訴えること、それが平和を語り、伝えていくことになるのだと確信しています。

結びに、沖縄の「世界平和の碑」について詠《よ》まれた、池田ＳＧＩ会長の詩を紹介します。


「未来、いつの日か、沖縄の少女は聞くだろう。

『お母さん、戦争ってなあに？ 昔、そんなものがあったの？』

『そうよ。昔、昔、人間は、とってもおかしなことをしていたの。お互いに殺し合って、傷つけ合って、いっぱい血と涙を流させて——それを〈平和のため〉って呼んでいたの』

そんな『光の明日』のために！ 今、私たちは喜んで礎《いしずえ》となろう」

（写真紀行『地球は美しい』より）

PROFILE

ひさやま・けんいち／沖縄県出身。中央大学在学中、池田ＳＧＩ会長の「私の最大の事業は教育である」との言葉に感銘を受け、教員を志す。生徒からは〝ブルースカイ〟（ひげ剃り跡が青い）とのニックネームで親しまれている。ライフワークは平和学習。「歴史を通じて生徒に平和の尊さを伝えたい」と語る。創価学会沖縄青年平和委員会委員長として活躍。

すべての子どもは世界市民

教育委員会　山田　耕治（兵庫）

「何事も最初は一人からだ。戦争はいやだ、平和のために行動しよう！　一人の声は小さいかもしれないけれど、小さな小石だって池に投げれば、やがて大きな波紋《はもん》をつくることができる。先生は、その小石になろうと思っている」

――私は、自分の気持ちを生徒たちに語りかけました。

１９９０年（平成２年）８月、湾岸危機が勃発《ぼっぱつ》したときのことです。

イラクのクウェート侵攻《しんこう》に端《たん》を発し、再び世界が戦争状態に向かうのではないかと

危機感を抱いたものの、遠い国の問題なので生徒たちの関心は薄いものでした。以前の私であれば、彼らと同じ傍観者《ぼうかんしゃ》の一人だったかもしれません。

しかし、私には平和のために対話の輪を世界に広げられている、池田SGI会長に誓った原点がありました。会合に参加した折、皆に手を振り全力で激励される姿に接して、「私も生涯、平和教育の道を歩みます」と決意しました。

教室のガラスが毎日のように割られる荒れた学校に勤め、悩んでいた新任5年目の26歳のときに「子どもを変えようとするのではなく、まず自分を変えることだ」との言葉に触れて信仰の道に入った私でした。以来、多くの先輩や同僚《どうりょう》に励まされながら、生徒にかかわってくる中で、「自分の一念次第でまわりの環境は変えられる」ことを確信していました。

私の思いが通じたのか、生徒たちは〝自分にも何かできるだろうか〟と真剣に考え始めました。そして、自分が思い描く戦争に対するイメージを絵で表現し、そこに自分のメッセージを加えた作品を文化祭で展示することになりました。

これらの絵は、後に市民ホールに展示され、イラクの中学校にも送ることにしました。すると、思いもかけずイラクから感謝の手紙と贈り物が届いたのです。自分たちが描いた絵が、何千キロも離れた国の同じ中学生の心を動かしたことで、生徒たちの目は生き生きと輝いていきました。

以後、このイラクの中学校との交流は9年間続きましたが、この間、イラクでは何度かアメリカ軍による空爆が行われ、日本では阪神淡路大震災が起こりました。

震災のときは、学校のある芦屋市も多くの家や道路が破壊《はかい》されました。全国からの多くの励ましに加え、イラクの中学生からも「頑張って」とメッセージが届きました。すぐに返事を送りましたが、一番大変なときの友情は、国は違っても忘れることはできません。真の友情、真の平和とは、こういった一つ一つの思いやりの交流を通して築かれていくものだと思っています。

■障害のあるイラクの少年との出会い

そんな折、担任したクラスにハキハキとものを言い、頭もよく、リーダーシップもある女子生徒がいました。

しかし、仕事に没頭《ぼっとう》する両親とは小さい頃から別居《べっきょ》状態で、親の愛情を感じとれなかったのでしょう。寂しさを秘めた表情はどこか冷たく、大人や社会に対し厳しい目をもっていました。何とか彼女が「心から幸せを感じられるようになってほしい」と心から祈りました。

幸《さいわ》い彼女は、私の担当する社会科が好きで、授業後もよく質問に来ていました。機会をとらえては「よう頑張っとるな」と励まし、生徒との交流ノートに、彼女が一行しか書いてこない日も、そこに込められた思いをしっかり受け止め、たくさんの励ましの言葉を書いて返しました。そんな次の日は、授業に関して調べたことをノートいっぱいに書いてきました。

２学期は文化発表会などいろんな行事がある中で、彼女は進んでリーダー役に立候補し、活躍しました。明るさが戻り、生き生きと頑張る姿を見て、私のほうが元気づけられました。そして、３学期に起こった二つの出来事が彼女をさらに大きく変えていったのです。

ひとつは阪神・淡路大震災です。倒れてきた家具の間に挟《はさ》まれて動けない状態の彼女を、頭から血を流しながら助けたのは、それまで彼女が〝冷たい大人の代表〟と毛嫌いしてきた母親だったのです。震災で学校がしばらく休みの間、地域でボランティアとして働く母親の姿を見たり、じっくり話をする機会を持ったことで、彼女の心は変わっていきました。

その後、作文で「母のすばらしさがわかった。いままで私は身勝手なところがあったけど、人のために役立つ人間に成長したい」との決意を綴《つづ》ったのです。

もうひとつは、戦乱のイラクから日本へ手術に来た一人の男の子・サードくんとの出会いでした。

サードくんは、湾岸危機直後に生まれたのですが、戦争で使われた劣化《れっか》ウラン弾の放射能の影響で、体の障害に苦しんでいました。日本のボランティア・グループの支援があり、日本の病院での手術治療を行うために来日したのです。

私はその少年が学校から30分、自宅から15分で行ける病院に入院していることを知り、深い因縁《いんねん》を感じました。手紙による交流を通しながら、イラクの子どもたちのために何か役に立ちたいと祈り続けてきたからです。アラビア語は話せませんでしたが、何度もお見舞いに行きました。そのことを教室で生徒たちに話すと、「先生、すご

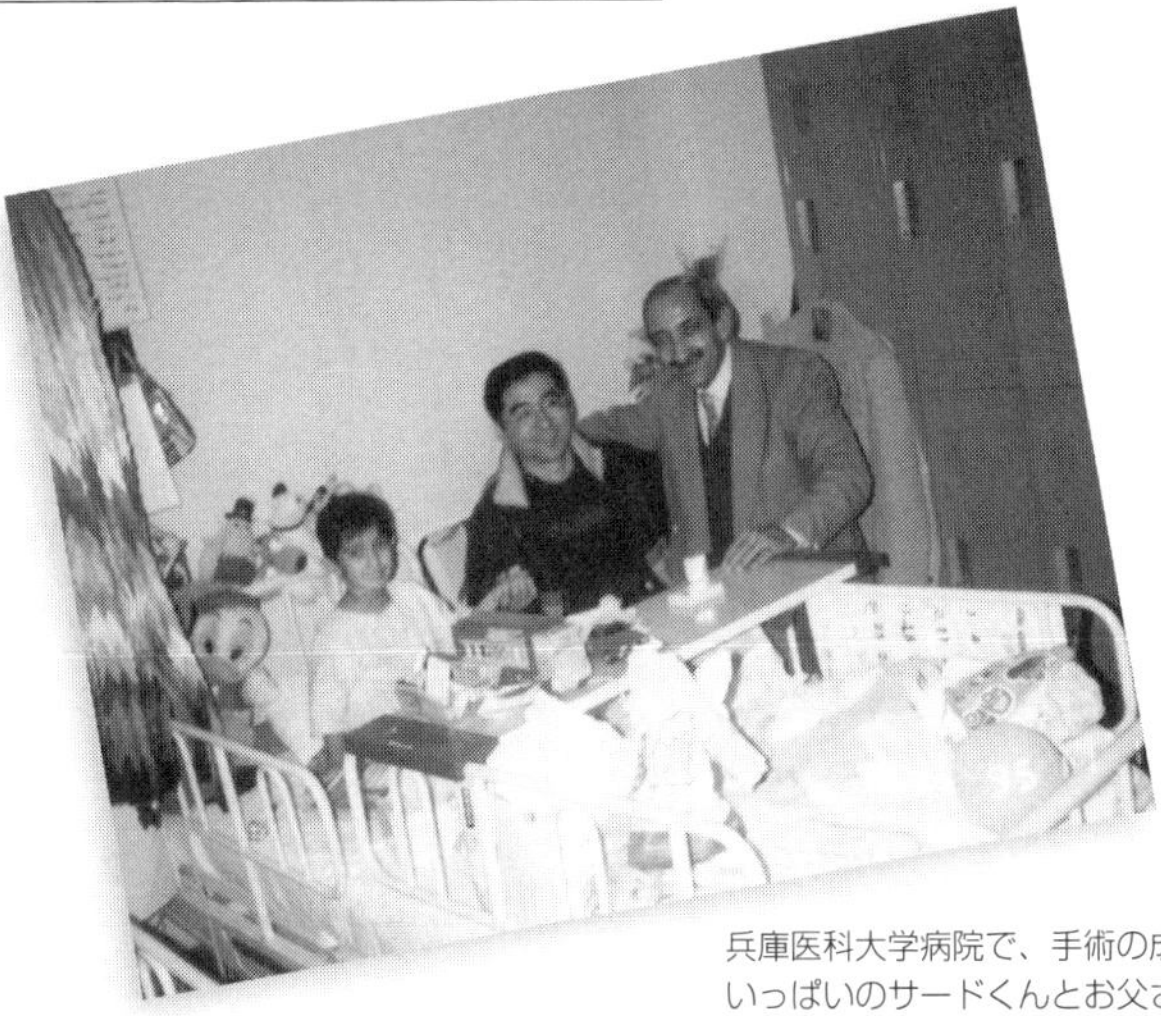

兵庫医科大学病院で、手術の成功を喜ぶ笑顔いっぱいのサードくんとお父さん

い！」と、みんな関心を示してくれました。

その日の夕方、彼の見舞いに行くと、彼女が病院に来てくれていました。

私の顔は思わずほころび、サードくんと３人で輪《わ》投《な》げ遊びをしました。輪投げの的《まと》を遠ざけたりしただけで彼は喜び、笑いました。言葉は通じなくても、子どもの生命は共鳴音《きょうめいおん》を奏《かな》でているのです。ストレートに共感できる彼らに〝子どもたちはもともと世界市民なんだ〟と感嘆せざるをえませんでした。

付き添っていたお父さんは、「息子が笑うのを本当に久しぶりに見た」と喜んでくれました。

以来、サードくんは食欲も増し、体重も１

週間で5キロも増え、体力がつき、14時間に及ぶ手術は成功。約1カ月で退院することができました。

「シュクラン、シュクラン……」

帰国の前日、父親は私の体を抱きしめ、涙を流しながら、感謝の言葉を繰り返し、再会を約束しました。

この障害のあるサード君との出会いが、彼女の心に深く刻まれたからでしょう。彼女は将来、薬学を学ぶ道に進みたいと進路作文に書き、卒業後、実際に大学の薬学部に合格しました。

自分の不幸をすべて親や環境のせいにしていた彼女が、自らの力で学ぶ意味や生きる目標を見つけたのです。

■さまざまな国の子どもを支援

私はその後、市教育委員会に勤め、特別支援教育にかかわりながら、障害のある子どもたちを支援するネットワーク作りに奔走《ほんそう》しました。数多くの出会いの中で、フィリピンから来て就学先に悩んでいた重度肢体《したい》不自由児の受け入れや進路の相談にも乗りました。

昨年、現在の職場（県教育委員会）に配属となり、主として多文化共生教育、外国人児童生徒支援の仕事を担当するようになりました。

関係の諸団体と連携《れんけい》しながら、ブラジル、ベトナム、中国、韓国・北朝鮮など、さまざまな国から来た子どもたちを支援できるこの仕事に就けたことも、これまでの実践や経験が因となっていると感じられてなりません。

国がどこであれ、子どもたちは誰もが未来を担う「世界市民」です。世界の子どもたちを支援できる喜びを噛《か》み締《し》めながら、日々、わが師に誓った平和の心を育む実践に情熱を燃やしています。

PROFILE

やまだ・こうじ／大阪教育大学卒業後、18年間、中学校の教壇に。新任のころ、非行を繰り返していた生徒の家に一年間、ほぼ毎日通い、状況を打開。また、卓球部の顧問として弱小の部を立て直し、県大会出場を勝ち取った実績も持つ。熱いハートで、粘り強く現実と格闘する〝やまちゃん〟の姿に周囲の信頼も厚い。現在は、県教育委員会で人権教育を推進。

子どもを信じてこそ広がる生命尊重の輪

小学校教諭　谷本　恵子（埼玉）

「先生って、デブだね！」

入学式を終えて、学級開きが始まると突然、大きな声で話し出したTくん。彼とのやりとりはなかなか終わらず、後ろに立っている親たちは苦笑《にがわら》いをしていました。

「今年は、ちょっとおもしろい子がいるな」というのが、担任した1年3組の、私の第一印象でした。さらに、名前を呼んでいくと、椅子の上で両足を抱え込み、口を貝のように閉ざして反応しないSくん。記念撮影のときにも、数人の男の子がカメラ

に集中できず、校長先生からは、「谷本先生のクラスは、いろいろなお子さんがいるようだね。お手並み拝見だな」と言われる始末でした。

次の日。かわいい1年生たちは、緊張した面持《おもも》ちで席に座っていました。ところが、Tくんは床《ゆか》に座り込み、ランドセルの中を広げたままです。何とか席に着かせたものの、授業が始まると自分勝手に話し出し、「こんなのやりたくない！」とプリントをクチャクチャにしてごみ箱に捨てます。

手を挙げても指されないと、「学校なんかつまらない！」と教室を飛び出し、わがままを注意したら、私の顔に平手打ちです。挙句《あげく》の果てには、「ぼくは、ママの言うことは聞くけど、先生の言うことなんか聞かないよ！」の一点張りです。

一方、Sくんはといえば、教室内を自由勝手に歩き回って集団行動がとれません。友だちが注意されたことを、わざと真似《まね》して喜ぶような状態です。

さらに、記念撮影のときに集中できなかったMくんは、家庭の事情で夜、寝るのが遅く、登校しても寝不足のため情緒《じょうちょ》が安定せず、すぐけんかをしてはヒステリックに怒り散らします。

入学したばかりの1年生たちなので、他の子たちも私との信頼関係はできていません。おだてたりなだめたりしながら、集中させるように試《こころ》みるものの、もぐらたたきのような状態が続きました。

私は、早くTくんのことをお母さんと話し合いたいと家庭訪問をしました。そして、Tくんの学校での様子を詳しく話したところ、「幼稚園のときから先生に慣《な》れるのには時間のかかる子でした。担任の先生を信頼すれば、言うことを聞くようになると思いますよ」との言葉が返ってきて唖然《あぜん》としました。わが子のわがままな行動は他人が悪いからという、母親の考え方でした。

〝互いに理解し合い協力して何とか良い方向に〟との思いを飲み込み、「だったら、Tくんが私を大好きになるように頑張るっきゃない!」と闘志《とうし》がわいてきました。

しかし、決意したものの子どもたちの状態は一向に落ち着きません。それどころか、追い打ちをかけるように幼稚園の頃から完璧主義のY子ちゃんが、給食のとき、ナプキンがないだけで「ママのところに行きたい」と泣きじゃくるようになりました。そんなときは、私の横に机を移動させ、体を抱きしめて「もう大丈夫だよ」と安心させてあげると、Y子ちゃんは自分の席に戻ります。そんな様子を見ていた何人かの女の子は、自分も不安になったり困ったりすると、「ママのところに行きたい」と泣き出すようになったのです。

一方では勝手気ままに振る舞い、もう一方では不安で泣き出す状態で、叱りたくても叱れない日々が続き、私も精神的に疲れていきました。

そんな中、土曜の参観日がやってきました。親の前では子どもたちも張り切ってくれるだろうと授業に臨みました。ところが、始まってみると、興奮《こうふん》したTくんは何回も私のところに寄ってきては話しかけ、私の言うことは全然聞きません。

Mくんは指名されなかったと怒って机を蹴飛《けと》ばしたり、足を乗せたり……。

Sくんは何もしないでいじけているといった具合で、想像を越えた状態になっていました。

何とか授業は終えましたが、初めて子どもを1年生に入学させたお母さんからは、「1年生の授業は、あんなに騒がしいのですか?」と心配の声が上がりました。

でも、他のお母さんが、「谷本先生なら、大丈夫よ。谷本先生だから、大変な子を集めて一クラスにまとめたんじゃないの」となだめてくれたと聞かされ、複雑な心境でした。そして、〝2学期の授業参観までには、クラスの子どもたちの心をしっかり掴《つか》んでおかなければ〟と反省せざるをえませんでした。

子どもたちにどう接すればいいのか——私は真剣に悩みました。天職だと思っていた仕事をやめようかとさえ思いました。あまりに沈んだ様子を心配した主人からは、「君に担任してもらったクラスの子は幸せなんじゃないの。誰もが成長できるよう祈り続けてもらえるのだから」と励まされました。

私はこの一言で、ハッと気がつきました。

「そうだ。私が弱気になってどうするのだ」と。

子どもたちの笑顔を思い浮かべながら、一人ひとりの成長を真剣に祈っていく中で、経験に頼るあまり、個性豊かな子どもたちを包めていなかった自分に気づきました。子どもたちに振りまわされ、精神的な余裕《よゆう》も体力さえもなくなっていたのです。

まずは、「私だからできることに何でも挑戦してみよう」と心新たに教室に向かいました。

■自分だからできることに何でも挑戦！

「ヘンシーン！」――。

Ｔくんがわがままを言い出すと、私は一回転していろいろなものに変身しました。オバケ、お医者さん、宇宙人など、その役になりきって注意すると、Ｔくんも他の子どもたちも夢中になってその世界に入り込みます。その瞬間をそのまま生かして授業に入っていきました。

教室で役者になりきる私に、子どもたちからも「先生、また、ヘンシンして、ヘンシンして！」とリクエストが相次ぎました。

叱るときもひと工夫しました。「ヘディングげんこつ」です。子どもたちが悪いことをすると、私がつくったげんこつに自分からヘディングするのですが、これが大受けで、何も叱られていない子までがやりたがります。ときには列ができるほどでしたが、そこでしばらくコミュニケーションです。

そして、極《きわ》めつけは「愛が足らないチュッチュ攻撃」です。叱った後に、「そうか。先生の言うことが聞けないのは、愛が足りないからだよ。先生がたくさんの愛をあげよう！」と言いながら、両手を大きく広げ、チュッというわけです。叱られて小さくなっている子どもたちも「愛のチュッ」で顔がほころび、キャーキャー喜んでいます。子どもたちと私の距離が一挙に近づきました。

やがて、「愛のチュッ」は、子どもたちから私への「ごめんなさいのチュッ」に変わっていきました。それからは、「もう、やめて！」と参ってしまうくらい、チュッチュしてくれる子どもたちに変身していきました。

授業もいままで以上に工夫しました。1年生は45分間の授業は集中力が続きません。そこで授業にゲームやお話、動作などを取り入れて興味を引きつけるように心を砕《くだ》きました。

算数の文章問題ではTくん、Sくん、Mくんをはじめ、クラスの子どもたちの実名を使って似顔絵を描きながら授業を進めると、子どもたちは大盛り上がりです。

また計算や比較の問いでは○×ゲーム形式で教室内を移動したり、大きな数の学習ではジャンケンゲームを取り入れた関所破りなど、楽しく学べる雰囲気を作っていきました。

国語でも物語の作品では進んで劇化し、子どもたちの自由な発想を尊重《そんちょう》していきました。

それでも夏休み明けの2学期は不安でした。長い休みで子どもたちが変わってしまうケースをしばしば経験してきたからです。

しかし、子どもたちは元気にやってきました。Y子ちゃんも、もう大丈夫でした。

そして、運動会を終え、いよいよ授業参観日です。

ボール遊びのゲームを中心にした授業でしたが、子どもたちは楽しそうによく動き、グループ活動もしっかり行いました。

カッとなりやすいMくんが興奮《こうふん》して少しもめましたが、ジャンケン5回勝負ですぐに落ち着きました。TくんもSくんも仲良く楽しく参加することができ、1学期からの成長ぶりに、たくさんのお母さんから喜びの声が届きました。

また、最上級生との縦割《たてわ》りグループで、お世話になっていた6年生の担任の先生方から、自分たちだけで整列し、準備運動している姿に、「1年3組の生徒さんだとは思わなかった。すごい成長だね」と褒《ほ》められました。

■クラスの子どもたちに支えられて

学習発表会のときでした。オペレッタでキツツキ役になったTくんは、友だちのキツツキと協力しながら、自分で考えたかわいい動作をつけて、大きな声でセリフを言うことができました。いままでは、いつもみんなとは違う行動でマイナス面が目立っていましたが、学年全体にしっかり解《と》け込み、見事に演じきり大成功でした。

幼稚園のときは、何もしないでただ立っていただけのTくん。お母さんから次のような感謝のお手紙が届きました。

「いままでいろいろな行事がありましたが、ふざけたり、先生や友だちに注意されたりしていないわが子を初めて見ることができました。真剣に取り組む姿に、成長することができたのだと思い、とても楽しく一日を過ごすことができました。これも先生の粘《ねば》り強いご指導と、仲良くしてくれるクラスの友だちのおかげだと感謝しています。『1年3組でよかったね！』と、よく子どもと二人で話しています。ありがとうございました」と。

その通りです。まわりの子どもたちのおかげです。よく見守ってくれました。

大切なクラスの子どもたちとともに

「悪いことは?」「真似《まね》しなーい!」といつも言い聞かせ、TくんやSくん、Mくん、Y子ちゃんとのかかわりばかりに追われていた私です。

他の子どもたちは、きっとたくさん我慢《がまん》してくれていたと思います。本当に心優しい子どもたちでした。

翌年、2年3組の担任として、話がありました。

担任発表のとき、歓声が上がり、Tくんが、お母さんに「また谷本先生だよ。すごくうれしかったけど、先生の前で恥ずかしくて言えなかった」と喜んでいたことを、後でお母さんが教えてくれました。

2年生になって、わがクラスは、どの子もはじけて元気いっぱいです。

Tくんは、代表で全校生徒の前で話をするまでになり、進んでお手伝いもし、学校中の先生がその成長ぶりに驚いていました。

Sくんも、いまではしっかり目を合わせて話もできるようになり、友だちの手助けもするまでになりました。

そして、Mくん。まだときどき、カッとなりますが、正義感の強い子になりつつあります。

子どもって本当にすばらしい！

最初は欠点と思っていた性格までもが、個性となり、特性となって開花していくのです。子どもたちの気持ちになって一人ひとりの可能性を粘り強く伸ばしていく教育こそが大切です。このことを教員生活二十数年を経て、心の底から実感することができました。

一人ひとりの生命を尊重《そんちょう》し、そのすばらしさを信じ抜く教員の成長が、そのまま子どもたちの成長を触発《しょくはつ》するだけでなく、親にも安心と信頼感をもってもらうことになることを学びました。

一人を大事にする教育、一人の成長と幸福を祈る教育。その身近な教育実践から生命尊重の輪がクラスはもとより、学校、地域、世界へと広がっていくのだと、心から思える今日この頃です。

PROFILE

たにもと・けいこ／埼玉大学教育学部卒業後、埼玉県の小学校教諭に。現在、朝霞市内にある小学校で生徒指導主任・書写主任を務める。明るく元気で、パワーと行動力みなぎる姿に、保護者からの信頼も厚く、相談を受ける機会も多い。子どもたちからは「たにもっちゃん」とのニックネームで慕われている。

光り輝く島〝スリランカ〟の園児たち

保育士　鶴見　志織（東京）

私は、学生の頃から、「海外の子どもたちと触《ふ》れ合ってみたい」と願っていました。卒業後、ブラジルの日系幼稚園に就職の話がありましたが、父の反対で断念せざるをえませんでした。

東京都の公立保育園で保育士として働き始めましたが、結婚後、青年海外協力隊（ＪＩＣＡ）の存在を知り、夫の了解を得て、「自分に使命があればアフリカに」と祈りながら受験し、合格しました。そして、現地の要請内容と私の能力が一致した国としてスリランカに赴《おもむ》くことになりました。

■教員全員で心を合わせ玩具作り

現地のＮＧＯ（非政府組織）団体からの要請で、首都コロンボからバスで6時間ほどかかる南部の農村にある、10カ所の幼稚園で巡回指導をすることになりました。椰子《やし》の木に囲まれて、孔雀《くじゃく》をはじめ、さまざまな鳥が飛び交うジャングルの中でしたが、水牛《すいぎゅう》が歩く田園の広がるところでした。私への要請内容は次の２つでした。

①園児と直接、接しながら、教員への個別指導や講習会などを通して技術の向上を図る。

②幼稚園が経済的に運営できる対策と、保護者や地域住民への働きかけの支援をする。

幼稚園に挨拶《あいさつ》に行ったときの第一印象は、教師主導型の保育活動ということでした。子どもたちは椅子に座ったままで、教員が描いた果物《くだもの》の形を決められた色で塗《ぬ》ります。ゾウはいつも黒など、動物は決められた色を塗《ぬ》るのです。

また、文字や数をノートに書き続けたり、数を数えたりする場面を目にしました。「エカ、デカ、トゥナ……（1、2、3……）」と歌のように暗唱させたりしていて、あまり楽しそうではありませんでした。

何より気になったのは、子どもたちを待たせる時間が長いことでした。保育準備がなされていないことが多く、手順も悪いのです。待たせることを何とも思っていないようでした。子どもたちも騒がず、黙って座っていることにも驚きました。

まだ一貫した幼児教育の体系がなく、それぞれの保育活動がなされています。村では、たまにNGOが主催する講習会（工作などの活動）が開かれる程度で、園には玩《がん》具《ぐ》がほとんどありません。親に協力を求めて、椰子《やし》の殻《から》、空き箱、空き瓶《びん》、ヨーグルトカップなどを持ってきてもらい、教員全員で玩具作りに取り組みました。

ある日のことです。一斉《いっせい》保育で10名くらいの子どもがとうもろこしの絵をクレヨンで塗《ぬ》る作業が終わりました。「さぁ、次は自由保育」と思っていたら、教員が出してきたのは積み木（木のかけら）だけです。一人あたり5～6個ずつ取るとなくなってしまいます。1個も手にできない子もいます。たとえ積み木を手にしても、5～6個では十分に遊べません。見かねた私は声をかけました。

「積み木の他にも玩具があるでしょ？　この前、作りましたよね。いろいろな玩具の中から子ども自身が選べるようにしたほうがいいですよ」

新聞紙のカラーページで作ったビーズにひもを通しながら、「エカ、デカ、トウナ（1、2、3）……」と数えて、アクセサリーを作っている子どもたち

ようやくいままで作った玩具が、出てきました。いろんな玩具を手にした子どもたちは、一人ひとりが楽しそうに遊んでいました。

野菜の名前を当てるゲームをするときには、こんなことがありました。

私が「緑色の野菜は何があるかな？」と問題を出すと、たまたま傍《かたわ》らにいた母親が「キャベツって言いな」と答えを教えてしまうのです。子育て自体がかなり過保護《かほご》で、小学生になっても食事のときにご飯を食べさせるなど、親が手を出し過ぎるように感じました。

私はできるだけ生活や遊びの中で、無理なく文字や数に興味を持たせるように心がけました。例えば、ビスケットを配るとき、教員が分け与えるのではなく、子どもたちに3個ずつ取らせます。鬼ごっこでは、10まで数えてから捕《つか》まえにいくといった具合です。

3学期には、就学を控えた子どもたちに対して、もう一歩進んだ「文字や数を取り入れた手作り玩具《がんぐ》」などの取り組みを行いました。スリランカの人たちは歌うことが大好きです。バス遠足では目的地に着くまで歌い続けているし、人が集まればよく歌います。日本の子どもたちと比べると、リズムを取ることが得意です。太鼓《たいこ》やタンバリンなどが身近にたくさんあります。私も自然に口ずさむことが度々ありました。

一番苦労したのは言葉の壁でした。苦しいときやつらいときには、かつて池田SGI会長にいただいた書籍を手に、弱い自分に負けてはいけないと発奮しました。何度も、何度も読み返しては、「その国の方々を最大に尊敬することである」「どこまでも、その国に貢献《こうけん》し、礼儀正しく誠実に、友情を結ぶことである」との言葉を心の支えにしてきました。〝スリランカにはスリランカに合った保育があるはずだ〟――と。

教員たちとは、玩具作りをしながら世間話などをする中で、次第に信頼関係ができていきました。週1回から月1回程度行っていた講習会や巡回《じゅんかい》指導により、子どもへのかかわりが変化していきました。幼稚園で子どもに教えるのは、文字や数よりもっと大切な「人生を幸せに生きる基礎力」だと、教員も自覚するようになりました。

保護者とは、送り迎えなどの時間にコミュニケーションを取るように心がけ、信頼関係を深めていきました。保護者会の際も、幼児期は日常生活のあるべき基本を習慣づける中で学んでいく工夫が大事だと訴え、次第に親たちも納得してくれました。

半年、一年……と過ぎていく中で、子どもたちの成長が確実に目に見えてきました。「あなたが来てから、子どもが本当に喜んで幼稚園に通うようになったよ！」「毎朝、子どもが、『今日、先生は家に訪ねて来るの？』と楽しみにしているよ」「あなたの言う通りに、生活の中で数字を教えるようにしたら、覚えるようになってきた！」と、保護者たちから喜びの声が寄せられるようになり、やがて幼稚園の保育に協力して、さまざまな応援を積極的にしてくれるようにもなりました。

■お互いの心と心が通い合う

スリランカは長い間、内戦が続いています。私が２年間ほど活動していた地域は比較的、安全な場所でしたが、村の青年が戦死するなど戦争の傷跡《きずあと》も間近で見てきました。

スリランカでは、現地の子どもたちが戦争ごっこをする姿は一度も見たことがありません。戦争の怖さ、悲惨《ひさん》さを知っているからでしょう。私が出会った子どもたちが戦争に巻き込まれたりすることがないように、早く平和が訪れるようにと祈らずにはいられません。２年間の講習会（ワークショップ）を受講してくれた教員たちが、修了式と私のお別れ会を兼ねて、盛大なイベントを開いてくれました。

現地のＮＧＯ団体からの要請であった二つの課題は達成できたと感じました。私が巡回《じゅんかい》していた10カ所の園の教員、子どもたち、保護者、村の人たち、ＮＧＯ事務所のスタッフ、ＪＩＣＡ事務所から次長、調整員ら総勢３００人ほどの人が集まってくれたのです。式の中で、子どもたちは私が教えた劇遊びや歌、踊りなどを披露《ひろう》してくれました。最後に教員一人ひとりに修了書を渡し、お別れの挨拶《あいさつ》をしました。

「国の将来を考えるとき、もっとも大切なのは教育です。〝教師こそ最大の教育環境である〟とは、私の尊敬する教育者の至言です。その第一歩が幼児教育です。小さいときに受けた教育というのは、心の中に残っています。この2年間、上手にシンハラ語を話すことができなかった私を、愛し受け入れてくれて本当にありがとう。最後に私の第二の母国の国歌を歌います」

私が、スリランカの国歌を歌いだすと、教員や保護者たちが涙を流して、私との別れを惜《お》しんでくれました。日本から離れ、スリランカという異文化の中で戸惑《とまど》うことばかりでしたが、言葉を超えて、人間は心と心で通い合うものだと実感できました。

帰国後、日本の大学で学んでいるスリランカの留学生と出会いました。主人と相談して、寮を出なければならなかった彼女を、わが家にホームステイさせることにしました。私自身が、派遣中に現地の家庭にホームステイとして滞在《たいざい》し、心温まるもてなしを受けた恩返しのつもりでした。

スリランカとは、「光り輝く島」という意味です。どこの国の子どもたちの生命も光り輝く世界にしていかなければ、と自分に言い聞かせる毎日です。

PROFILE

つるみ・しおり／2000（平成12）年1月～02（平成14）年1月まで、青年海外協力隊（職種：幼稚園教諭）としてスリランカで活動。協力隊に参加したことで〝途上国がかかえる問題や人間として大切なことは何かなど、自分の中で物事を考えるものさしが変わった〟と実感。03（平成15）年4月から東京都公立保育園で主任主事として勤務。

成長・発達の権利は誰にも

保育園園長　井田　清子（愛知）

私は3年前から保育園の園長の職務についていますが、多忙な日々に翻弄《ほんろう》されています。それでも保育士としての初心を貫《つらぬ》きたいとの思いで現在、療育センター所長のI先生と発達障害に関する研究会を設けています。

発達障害は、早期発見と乳幼児期からの適切な援助が大切で、事例検討を中心に学び合っています。夜の学習会にもかかわらず、保育士はもちろんのこと、臨時職員の先生、障害児対応の嘱託《しょくたく》の方々、また療育《りょういく》センターの先生方、作業療法士、保健師の

皆さんも自主的に参加されています。

子どもたちの未知な行動に振り回されて疲れきっている様子ですが、事例を提示し、いろいろな立場からアドバイスし合うことで、かかわり方の方向と見通しを立てることができ「明日からの元気の源《みなもと》になった」と喜ばれています。

私の保育園でも全職員が交代で参加し、「学ばずには子どもたちの前に立てない」という職場の雰囲気ができあがってきています。

また、９年前から地域の子育て支援として、幼児教育者の仲間で月に一度「ぽかぽかひろば」という家庭支援の場で活動しています。特に若いお父さんも交《まじ》えたなごやかな広場で、親子でゆっくり遊びを楽しむ傍《かたわ》ら、子育て相談にも随時《ずいじ》応じています。最近では子育て相談も発達障害に関することが多くなり、療育センターとの連携《れんけい》が大いに参考になります。

発達障害を持つＡくんとの出会い

私が発達障害に力を注ぐきっかけとなったのは、Ａくんとの出会いでした。２歳児クラスの年度の途中に入所してきたＡくんは、集団行動がなかなかとれず、保育士一人がついて、対応に追われる日々でした。４歳児クラスになったある日、担任が出張で不在のため、当時、フリー保育士であった私が、Ａくんのクラスに入りました。

Ａくんは、制作活動に興味が持てなかったのか、すぐさま部屋を飛び出していき、まもなく戻ってくると、今度は窓から部屋に――。皆が制作しているハサミや糊《のり》が並んでいる机の上をスライディングして撒《ま》き散らしたり、派手《はで》な自己アピールをしたりする始末でした。

年長組になると、前の担任が転勤となり、就学前の一年間を私が引き継ぐことになりました。正直、Ａくんの他にも身体に障害を抱えたＢ子ちゃん、衝動的に暴力を振るうＣくんがいて、「体力が持つかな？」と不安ではありましたが半面、闘志《とうし》もわいてきたのです。

４月、まずはお母さんと私が気軽に良いことも困ったことも話し合える関係を作っていくことが大事だと思い、Ａくんの毎日の様子をお母さんに率直《そっちょく》に伝えていきました。「今日、こんな絵描いたよ。すごく集中してやってね。周りの子が『Ａくん、すご～い！』と言ってくれたんだよ」

「今日は、教室から飛び出して行ったけど自分で戻ってきたよ」等々。

６月になり母親から、「先生、Ａはやっぱり問題だわー。あのバカタレ、どうしたらいい？」と本音が出てきました。母親はＡくんを入所させたものの、保育所に強い不信感を持ち、Ａくんに何かあると決まって、「先生たちも手のかかるうちの子が迷惑だと思っているんでしょ」「嫌いなんでしょ」と毒舌《どくぜつ》を吐いていましたが、少しずつ心の壁が取り払われていたのです。

「いまだ！」と、私は時を感じました。そこで「私だってわからないわよ。だけど、毎日つきあっているとかわいいのよね。来年は学校だし、一度、相談所へ行って一緒に聞いてこない？　できるだけのことをしてあげたいから」と提案してみました。するとお母さんは、決心がついたように「わかった！　行くわ。先生も一緒に行ってくれるわね」と承諾《しょうだく》してくれたのです。

こうして児童相談所の扉を叩《たた》く日を迎えたのですが、長い一日となりました。さまざまな検査の後、担当の先生は「診断名」を言おうかどうか、母親の様子が気になるようでした。

私は、「先生、診断名がほしくて来たんじゃありません。お母さんと私が、今後どのようにAくんとかかわったらよいか教えてください」とお願いしました。

先生からは、「お叱りを受けた気がします。診断名はこの子にとってあってもなくてもいいものですが、就学前ということであえて申し上げます。そのほうが今後、この子が進むうえで有効なことがあるからです」と前置きし、「広汎性《こうはんせい》発達障害」と告《つ》げられました。

いまでこそ、よく耳にする言葉ですが、その頃はまだほとんど知られていませんでした。お母さんは、帰りの車中で「どこがみんなと違うの？　どうすればいいの、これから」と混乱を隠せず、泣き出しました。

私は「お母さん！　一人じゃないよ。私もいるじゃない」と励ますのが精いっぱいでした。

それからの毎日は、Aくんのことを理解するために発達障害に関する勉強と、クラスを自由に飛び出すAくんへのかかわりの連続でした。目についたことや気になったことなどを記録に取り、Aくんをより深く知る糧《かて》としました。

Ａくんは、私の注意を引きたいときは、給食中でも教室から飛び出します。２階の先生から「Ａくんが階段の踊り場で唐揚《からあ》げを食べてます」との通報があり、急行するとニタニタしながら、寝転《ねころ》がってフォークに刺した唐揚げをおいしそうに食べています。「Ａくん、先生も忙しいのに、探しに来るの大変じゃない！」「心配したよ！　先生に迎えに来てほしかったの？」と、優しく声をかけると、「うん」と素直な返事をします。

「そう、わかった！　じゃあ、これからは、どこどこへ行きますって先生に言ってから、出かけてくださいね。先生もラクチンでお迎えに来られるから」「は～い」

こんな調子で、二人のルール作りを幾つか積み重ねていきました。やがて教室から飛び出すことが減ってきた分、クラスで課題に取り組むときなど、興味がないと私に飛びつき、ダッコちゃん状態で離れず、甘えが出てきます。Ａくんの気持ちをいかにコントロールしていくかが大切になってきます。Ａくんの行動を否定せず、私の気持ちを率直《そっちょく》に伝えることを繰り返しました。すると、少しずつでしたが、Ａくんは自分の行動を変えられるようになっていきました。

例えば、ある日のこと。「先生、Aくんが～」との大きな声に駆けつけてみると、倉庫の上で正座《せいざ》しています。大人の身長以上の高い所へ巧《たく》みに上ってしまう運動神経の良さに驚嘆《きょうたん》しながらも、〝すぐにでも引きずり降ろしたい〟気持ちをグッと我慢《がまん》し、「落ちないかと先生は心配！　びっくりして心臓が止まりそう！　すぐに降りてください」と頼むと、スルスルと降りてきました。私の指示には素直に従うようになって、クラス運営も楽になってきました。そしてある散歩のときのことです。

「先生、あの雲、ヨーグルトみたいだね～」

空を見上げて夢見るようなAくんの穏《おだ》やかな顔。〝この子にこんなすばらしい感性があるんだ〟と嬉しくなりました。

■どの子にも、その子だけの良さが

周りの子どもたちのAくんへの接し方は、以前は迷惑そうにしたり、怒ったりでした。それでも、「Aくんに話すときは、名前を呼んで目を見てゆっくり、はっきり話すとわかるよ」と伝えました。子どもたちも努力してくれ、良い返事が返ってきたりすると、「Aくん、わかったって言ってくれたよ」と報告に来るようになりました。

運動会の障害物競走。子どもの心を受けとめ、常に笑顔で全力投球！

また、Ａくんの良いところを素直に認める温かさも育ってきたようでした。友だちにほめられたことは、人の何倍も嬉しがるＡくんです。周りの子どもたちの力は、本当に偉大です。

子育てが大変になっている親子は孤立《こりつ》しがちなので、何とかクラスのお母さん方にも理解をしてほしいとの気持ちから、必要に応じて話をしました。

クラスを飛び出す子、暴力を振るうことで感情表現する子、保育士にまとわりつき、お手伝い名人になりながら、友だちとは遊べない子等々。発達障害といっても、すばらしい個性が見えにくいだけです。

「どの子も、一人ひとり違ったよさを持っていることをわかってほしい」と訴えたこともありました。

運動会では、そんな子どもたちが自信を持ってやれることを、一つずつ取り入れました。

Aくんは側転《そくてん》の名人です。軽業師《かるわざし》のように身が軽く、圧倒されます。皆から認められる環境を整えると、母親の後押《あとお》しにも支えられて苦手な踊りにも何とかついてきてくれました。

劇遊びの発表会「12月のものがたり」では、出番を待つ間は少し落ち着きがなかったものの自分の役を見事にこなしました。

みんなと同じ課題に取り組めるようになったAくんの姿に、お母さんは後ろでそっと目頭を押さえていました。発達障害のわが子のありのままを受け入れてくれた勇気、困難を必死に乗り越え、子どもとともに変わろうとするお母さんの姿に、私のほうが力をもらいました。

いよいよ卒園式の日がきました。Aくんはムースをたっぷりなでつけたピカピカの頭にシャキッと背広を着込んでやってきました。式の間ずっと座っていられるなんて1年前には想像もできなかったAくんが、凛々《りり》しく賞状を受け取る姿は、晴れ晴れと堂々としていました。

お母さんからは、「あの日、真っ暗な闇《やみ》の中に入ってしまった私とAは、ただただ先生とともに歩んできました。先生は私たち親子の光となってくれました。これからも、私たち親子をいつまでも忘れないでください。そして、私たちと同じ悩みを持つ人たちの光であり続けてください」とお手紙をいただきました。

「いいえ、光はあなたたちです」と返したい気持ちでした。ともに歩んだことで私自身、どれほど感動の日々を過ごせたことか。「出会ってよかった。本当にありがとう」と感謝する毎日です。

就学に当たっては学校側も校長、教頭、教務の先生方が真摯《しんし》に話を聞いてくださり、Aくんは通常学級で学ぶことになりました。

さらに「うまくいったときの実践例を聞かせてください」との要望で、保育園でのノウハウをお伝えしました。

小学校でも、Ａくん親子はさまざまな問題にぶつかったようですが、先生方や友だちに支えられて６年間を過ごしました。彼もいまでは中学生です。

先日、自宅を訪ねた折、保育園当時、私が何かのごほうびにあげたノートを机の引き出しにずっとしまっていてくれたらしく、「誰にも触《さわ》らせないいんですよ」と、お母さんが楽しそうに言っていました。

私はＡくんとの出会いで、これまでの保育経験が吹き飛ぶような試行錯誤《さくご》の日々を送りました。私という人間が試《ため》されていたのだと思います。

Ａくんは「どうだい？　これでも本当に可愛いって言えるか？」「その笑顔は本物かい？」「思いやりなんて言葉だけじゃないのかい？」「僕には、にせものは通じないよ！」などといったメッセージを送り続けていたのではないでしょうか。私の保育士としての心の真実を検分するために――。

私はＡくんから保育の原点を教えられました。いや、Ａくんだけではありません。子どもたちは誰もが、人間教育とは何なのかを私たち教員に教えるためにやってきた〝未来からの使者たち〟なのだと思えてなりません。

私たち幼児教育者には池田ＳＧＩ会長から示された「指針」があります。

「子どもの幸せ祈る　愛情の人に」

「共に喜び共に育つ　笑顔の人に」

「生命の尊さ正義を伝える　勇気の人に」

「子どもの心を受けとめる　共感の人に」

これらのモットーを心肝《しんかん》に染《そ》め、今後も人間教育者として子どもたちとともに成長していきたいと願っています。

PROFILE

いだ・きよこ／長野県諏訪市で保育士を務めた後、愛知県名古屋市へ。一貫して保育にかかわる中、２００１（平成13）年には係長試験に合格。03（同15）年に保育園の園長に就任。06（同18）年、現在勤務する保育園へ異動。「皆それぞれに、その子だけの、その子らしい〝花〟がある」をモットーに、日々全力で園児とかかわる。

「平和の文化」を創造する若きエネルギー

高等学校教諭　松浦　賢一（北海道）

「みんな、本当にこのテーマでいいのかい?」

8年前のある日の授業の、私の発言です。学校祭でのわが1年3組のテーマ案が黒板に書かれていきました。そこには、テレビのバラエティー番組の影響か、「ピカチュー」「セーラームーン」など、アニメやお笑い志向の言葉ばかり。

私の高校に限らず、大学を含めて、近年の文化祭などは遊戯化《ゆうぎか》しており、未来に、人生の希望や夢を実現していこうとの意欲や主張は感じられません。わがクラスも同じであってほしくないとの思いから、こう発言したのです。

そして私は、担任として次の点を訴えました。

「20世紀最後の年である2000年は、21世紀への橋渡しの年であり、奇《く》しくも、わが高校が誕生して50星霜《せいそう》です。多くの先輩が歴史を刻んだこの校舎とも別れ、8月からは新校舎へ移転する。半世紀もの間刻んできた別高の良き伝統と歴史を受け継ぎ、新しい時代へ向けて、希望あふれる決意の込もった内容にしよう」

最初はポカンと聞いていたメンバーも、次第にその気になってくれました。

私の勤務する高校は、北海道の東の果てに位置し、東京23区の倍以上の面積を持つ別海町《べつかいちょう》にただ一つしかない高校でした。

1997年(平成9年)に都会の高校から赴任《ふにん》してきた私は、遠くに国後島《くなしりとう》を臨み、酪農と漁業という全く異なる第一次産業を基幹産業とする、自然豊かな別海町が大好きでした。

高校としても、歴史的にも大きな節目に高校生になった生徒たちです。私自身の思いとしては、一人ひとりの心に残る学校祭をと願っていました。そのためにどうするのか——。

ちょうど2000年は「国連ミレニアム・サミット」の年でした。「戦争の文化」から「平和の文化」へ――。生徒たちには、世界平和への思いを北海道の東の果てから発信してほしかったのです。

■平和をめざす企画が世界規模に

ところが、学校祭まで1カ月を切ってもテーマが決まりません。実行委員会で話し合いを重ねる中、思い悩んだM子が「ミレニアム・サミット」ではどうかと提案してくれました。

私の気持ちが通じたのかと思わざるをえませんでしたが、クラスのみんなも大賛成でした。そしてM子の提案通り、オリンピック大会の入場行進のように世界各地の代表的な民族衣装を身にまとい、手には各国の国旗をはためかせ、パレードの中央には、大きな国連旗を数名で持ちながら平和行進をすることに決まりました。

グループごとに担当を決め、懸命に汗を流し、準備・練習に励みました。Y夫とM子を中心としたグループは、世界地図を開いて各国の地域のことを調べました。

S代が中心となる衣装係のグループは、図書館へ行って各地域の民族衣装を調べ、

大きな国連旗と世界各地の民族衣装や国旗などを自分たちで作り、市街をパレード

N子たちのグループは、いろいろな文化祭のビデオを見て、パフォーマンスで踊るダンスの研究をしました。

担任の私は、生徒会と吹奏楽部の顧問《こもん》をしていたこともあって、学校祭の準備につきっきりにはなれませんでした。それらの合い間を見ては進行状況を確認してアドバイスをしましたが、基本的には生徒たちの力を信じて、まかせました。

テーマさえ決まらなかった最初の段階に比べると、考えられないくらいの生徒のパワーを感じました。イベントへの盛り上がりは、民族衣装の仮装《かそう》にとどまりません。話し合いを重ねるうちに、「ミレニアム・サミット」

のテーマをもっとわかりやすい〝It's a small world〟にすることに決まりました。

さらに、インターネットで国連の活動を調べていくうちに、わが1年3組の企画は、世界規模にまで発展していきました。ユネスコ（国連教育科学文化機関）が中心となって取り組む「マニフェスト２０００」と名付けられた署名運動にも参加することになったのです。

学校祭では、クラスのテーマに沿った衣装を着て町内をパレードし、町民の観衆が集まる多目的広場で、２分間のパフォーマンスを行うのが伝統となっています。保護者をはじめ、町民が大変楽しみにしている町のイベントです。

このパフォーマンスでは、「〝戦争と暴力の20世紀〟から〝平和と非暴力の21世紀〟へ」との強い願いを、音楽と踊りで表現しました。大規模な山車《だし》やみこしを制作するクラスもありました。

〝It's a small world〟とのテーマを掲《かか》げて、自分たちで作った国連旗や国旗、そして世界各地の民族衣装を身にまとって町中をパレードしながら、国連の「ミレニアム総会」に向けて、１億人の署名を提出するための署名もお願いして歩きました。

うれしいことに、このキャンペーンへの生徒たちの参加は、学校祭終了後も続きました。

〝暴力によって尊い命が失われることがないように〟との願いを込めながら、一人ひとりが日々の生活の中で平和の尊さを確認することの大切さを、小・中学生や高校生をはじめ、町民に広く呼びかけた結果、10日間という短い期間で1300名を超える署名を生徒自身の手で集めたのです。

短気な性格で、ときには反抗的な態度を見せるM男は、みんなと一緒に一生懸命にパフォーマンスを踊りました。すぐに面倒くさがり、いつも途中で仕事を投げ出すY夫も、たくさんの署名を集めてきてくれました。C男は言いました。

「戦争については、みんなに知ってほしいと思った。二度と繰り返してはいけない歴史だと思う。死んでもいい人なんていないはずなのに、次々と殺し合ったあの歴史は忘れてはいけないものだと思う。戦争を体験したわけではないけど、もう絶対、〝戦争〟はしてはいけないものだと思う。そして、これからは〝戦争〟のない〝平和〟な世界になってほしいと思う。というよりも、俺たちがなくさなければならないと思う」

この平和への取り組みは、町内の小・中学校にも波及《はきゅう》しました。保護者もこんな感想を話してくれました。

「1年生にもかかわらず、町の未来に明るい灯火《ともしび》を照らしてくれました。尊い活動をするわが子たちの姿を見て、その成長ぶりに感激しました」

「署名用紙を持って、卒業した小・中学校や近所を歩く娘の一生懸命な姿を見て、心が熱くなりました。高校生になって積極的になったのもうれしい」

反響はさらに広がりました。こうした声が評価され、教育技術MOOKにも掲載されたのです（『高等学校文化祭・修学旅行企画読本』小学館　2001・6・10発刊）。

■一人ひとりの心の中に平和の種子を

「戦争は人の心の中で生まれるものであるから、人の心の中に平和の砦《とりで》を築かなければならない」

このユネスコ憲章の前文の一節は、私の大好きな言葉です。

第二次世界大戦の反省から生まれたユネスコ憲章のこの呼びかけには、戦争とは人が起こすものであり、人間の努力で、平和を達成できるとの確信が込められているように感じます。

平和の達成は一人ひとりの心の中に平和の種子をまき、育てる以外にありません。わが校の生徒たちが身をもって示してくれたように、身近な努力があれば、そこから平和への共感が生まれ、協力の輪は必ず広がっていくのです。未来に生きる青少年の心の中に平和の砦《とりで》を築くことが、子どもたちの幸せを守る、教育者として重要な使命であると自覚を新たにしています。

PROFILE

まつうら・けんいち／札幌学院大学卒業後、高校教諭に。「マッケン」の愛称で生徒たちに親しまれる。上級教育カウンセラー、創価大学自然環境研究センター客員研究員、別海町郷土研究会事業研究部会長も務める。平和・人権・郷土・環境教育等に力を注ぎ、グローバルな視野を持った子どもたちの育成に全力を傾ける。

子どもの声に耳を傾けてこそ

小学校教諭　高野　利美（東京）

3月末のある日、私は校長室に呼ばれました。

それは5年生の担任をしてほしいとの話でした。実はこの学年は、4年生のときに学級崩壊《ほうかい》をしたクラスを有する学校一の学年だったのです。

当時、私は2年生の担任でした。その子どもたちとは教室が近いことから、よく見ていました。「先生が話を聞いてくれない」「先生が約束を破った」等々、さまざまなことが積み重なったようで、ついに5月、5人の男子が泣き叫びながら、校長室へ駆け込み、「担任の先生を代えてくれ」と訴えたのです。

その日を境に子どもたちの大暴走が始まりました。一度キレた子どもたちの心は、崩壊の一途《いっと》をたどりました。学級のルールは崩れ、授業の妨害は日常茶飯事《さはんじ》。全校朝会では校長の話の最中に、他学年の児童の間をくぐり抜けながら鬼ごっこをするありさまです。教室でも朝から罵声《ばせい》が飛び交い、喧嘩《けんか》が始まるとハサミが飛ぶこともありました。子ども同士の暴力騒ぎはいつしか担任へ向き、一学期の終わりには「おめえなんか、やめちまえ」「絶対、やめさせてやるからな」と罵声を浴びせ、暴力を振るうまでにエスカレートしていったのです。

夏休みが終わり、2学期から新しい講師の先生が担任になりました。しかし、担任を引きずりおろしたと思い込んでいる男子の暴走は止まりませんでした。こんな状態が続いていましたから、春休みになっても、新5年の担任を希望する者は誰もいませんん。そんな中、校長から担任の話があったのです。

■暴力沙汰は教員への不信感から

始業式当日──。不安な気持ちをかき消しながら教室へ向かい、勢いよくドアを開けました。

「おはようございます！」

目に飛び込んできた男の子たちは、今度はどんな奴が来たのか、俺らの敵かと挑《いど》むような表情です。教員への不信感がありありと感じられました。

一方、女子はそんな男子に怯《おび》えて不安を隠しきれない様子でした。

いよいよ学校生活が始まりました。案の定、男子の素行《そこう》の悪さには驚きました。朝の挨拶《あいさつ》の時間、「起立」の号令がかかるとふらりと教室を出て行くSくん。注意をすると「まあ、そう焦《あせ》るでない」と担任の私を小バカにした言い方をします。自分の気の向くままに行動し、授業中もほとんど席に着きません。やる気のないプリントは破り捨て、気分のいいときは一日中、鼻歌を歌うなどやりたい放題です。

このSくんと群《む》れをなして行動する男子は、休み時間終了のチャイムが鳴っても、全然気にせず遊んでいます。注意をすれば、「そんなルール、誰が決めたんだ?」と私をバカにします。授業の集中力は20分が限界で、平気で立ち歩きます。おとなしいのは給食を食べているときだけで、その前後は廊下や図書室で遊び回っています。

そうは言っても、ここで音《ね》を上げるわけにはいきません。「何事もスタートが肝心！」と毎日、気合いが入りました。授業の教材も心を込めて作りました。

社会科の日本地図の学習では、47都道府県の一つ一つをピースにした日本地図パズルを作成。すべての班の分を作り上げるのは徹夜の作業でしたが、子どもたちからは大反響でした。また、少しでも興味を持ってもらおうと科学実験も取り入れました。

ある日、卵の放置《ほうち》実験をしました。ビーカーにたっぷりのお酢を注ぎ、卵を入れて3日間放置すると卵の殻《から》が溶《と》け、ゴムボールのようにブヨブヨになるのです。ビーカーの係にはSくんを任命しました。興味を持ったSくんは片時《かたとき》も席を離れず、じっと見張る徹底ぶりです。

こうして3日が経ちました。休み時間には、子どもたちが次から次へと卵を指で触れていました。そのとき、事件が起きました。女の子が突っついた拍子《ひょうし》に卵が割れてしまったのです。それを見て爆発したSくんは、彼女に殴《なぐ》る蹴《け》るの暴力を振るいました。

私はSくんに対し、「君の気持ちはわかるよ」と諭しながらも、きちんと謝《あやま》るよう叱りました。しかし「何で俺が謝るんだ、お前なんか死ね！」と暴言を吐いて、殴りかかってきたのです。何とかその場を収めたものの、教室には、重たい空気が漂《ただよ》いました。

「全員、座りなさい。授業を始めます」と、明るく声をかけると、Sくんはわざと大きな音を立てて席に座りました。

ところが、今度は、これまで心配することのなかったAくんが、意外な反応を示したのです。Sくんに向かって大きな声で「教師なんてこんなもんだよ」「あいつの言うことなんか無視して、勝手にやろうぜ」と。

2人のやりとりも耳に入らず、私の頭の中は〝どうしてこうなっちゃうの？〟とグチャグチャでした。Aくんは頭が良く、友だち思いの優しい子だと思い込んでいましたが、その実、教員、校長、学校に対しては敵意むき出しで大人《おとな》を全く信用していなかったのです。

家へ帰り、一人ひとりの成長を祈る気持ちで、彼らの立場に立って考えてみました。これまでずっと叱られ、怒られてきた子どもたちです。自分が悪いとわかってはいても、叱られれば「またお前もか」という気持ちになって当然なのかもしれません。そんな思いのはけ口を教員にぶつける以外、どうすることもできない彼らの心情を思うと涙があふれてきました。そして、私は決心しました。「明日から叱ることをやめよう」と――。

次の日からが私の本当の戦いでした。叱れば反抗する子どもたちですが、叱らなければどんな振る舞いをするのか。毎朝、教室へ入る前に「ファイト、オー」と自分を鼓舞《こぶ》し、明るくドアを開けます。そこで目にするのは相変わらずの言動です。

勝手にテレビを見て大騒ぎする子、教卓の上に寝転《ねころ》がる子、私の机の引出しや棚から好き勝手に持ち出す子もいました。ときには油性マジックで私の腕に落書きです。拒否しようものなら、おもしろがって額《ひたい》や足にも書きつける始末です。

叱ることもなくただ優しいだけの先生では、子どもたちは増長するばかりです。ますます無法地帯化する学校生活の中で、子ども同士のトラブルを解決しようと私が間に入ると、必ずAくんの冷ややかな視線がありました。どんな指導をするのか見ていたのです。

毎日、心休まる場所もなく、〝どうすればいいのだろう〟と悩み苦しみました。心身ともに疲れ果て、家に帰り着くとそのまま居間に倒れ込むこともありました。夜もよく眠れず、2時間おきに目が覚める日もありました。

「もう、教員をやめたい」

いつしか、そんなことばかり考えるようになりました。まだ1学期半ばの6月のことでした。

ここまで気力を失った自分が、もう一度立ち上がることができたのは、「境涯革命《きょうがい》をするんだよ。大変なのはわかっていたじゃないか。自分の境涯が変われば、物事の感じ方、とらえ方も変わる。どんな苦難も、人生のドラマを楽しむように悠々《ゆうゆう》と乗り越えられるんだよ」との、小説『新・人間革命』(第7巻)の一節に触れたときでした。体中に電撃《でんげき》が走りました。

「境涯革命……。そうか、私の器が小さいんだ。私の器がもっと大きくなれば、子どもたちの心を受けとめてあげられる! 私が変わろう、私が変わればすべてが変わるんだ。やるしかない」と腹が決まりました。

そして「子どもたちの気持ちにどこまでも寄り添い、一緒に進んでいこう。できないことはできるまで励まし、彼らの成長を信じ待つのだ」と誓いました。

私の新たな挑戦が始まりました。集中力のない彼らが乗ってこられるように授業を工夫することはもちろん、彼らと心の絆《きずな》を結ぼうと、進んで輪の中へ入っていきました。休み時間は50m走にバスケット、放課後は野球にサッカー、ときには生き物大嫌いの私が、バケツに割り箸《ばし》、餌《えさ》を持って彼らを誘い、ザリガニ釣りへ出かけました。

また、冷たい言葉を言われても、必ず温かい言葉で返すようにしました。教室中に油性マジックで落書きをしたとなれば、まずその子の言い分に耳を傾け、どうすればよかったかを一緒に考え、一緒に消しました。

一度キレると教室中の物をぶち壊し、ときに「死ね、殺す」と友だちに襲《おそ》いかかる子、自分の不満をどうすることもできず、掃除用具入れがボコボコになるまで蹴り続ける子には、怒りが収まるまで抱きしめるなど、丁寧《ていねい》に真心をもって彼らと向き合いました。

■心が一つになった迫力の演技

そうするうちに、いつの間にか彼らも心を開いて自分たちのことを話してくれるよ

音楽会で、ソーラン節を大成功で終え、歓喜にわく子どもたち

うになったのです。

こうして、子どもと信頼関係を築こうと努力した1学期が終わりました。その甲斐《かい》もあって、子どもと私の絆は強まりつつあったものの、男女が仲良く団結したクラスという姿には程遠い状態でした。そこでクラス全員で協力して一つのことをやり遂げ、楽しい思い出を作らせたいと考えました。

夏休みには学校でのお泊まり会を学年で計画したり、２学期には移動教室、子ども祭り等、全力で取り組みました。

とりわけ忘れられないのが、最大の行事でもある音楽会でした。

子どもたちのエネルギッシュなパワーが発

揮できる演目をと選んだのが、ソーラン節です。これが見事に的中。朝から校舎中にソーラン節の音楽が鳴り響き、休み時間も授業の合い間も放課後も、彼らは踊り続けました。

一番驚いたのは、給食の時間です。「いただきます」をしてから5分も経たないうちに食べ終わった子たちが、廊下へ飛び出し音楽をかけます。するとクラス全員が、喜び勇んで廊下へ走り出すのです。

「先生も来いよ！」と声をかけられ、一緒に輪の中へ――。

そんな彼らの頑張りは、やがて保護者をも動かしました。「家でも踊っているんです」という声があちこちから聞かれ、ついには「何かさせてほしい」と全員分のすてきなハッピとはち巻きを作ってくれたのです。

本番は大成功でした。これまで素行《そこう》の悪さで周囲をアッと驚かせてきた彼らが、今度は迫力のある演技で皆を感動させたのです。保護者の方々は、生き生きと蘇生《そせい》した子どもたちの姿に涙を流して喜んでいました。こうして、ようやくクラスとしての団結にも手応えを感じるようになったのです。

そして、終業式直前の3月23日。嬉しいことがありました。子どもたちが私に内緒でお別れ会を開いてくれたのです。黒板いっぱいに書かれた感謝の言葉に胸が熱くなりました。

天井には、手作りのくす玉が吊《つ》るされています。子どもたちに手を引かれ、引っぱってみると「高野先生、一年間ありがとうございました」の垂れ幕でした。感動で涙が止まりませんでした。

実は、「このお別れ会は、先生が一番喜ぶことで御礼をしよう」と、みんなで話し合って計画したというのです。私は一言、お礼を言いました。

「4月当初、あんなに仲の悪かった男女が、心を一つにしてこんなに素敵《すてき》なことをやってくれたんだね。みんなの真心がとても嬉しい。ありがとう」

いま、彼らは高校1年生です。みんな元気に成長しているようですが、その中に、「いまの俺たちがあるのは高野利美先生のおかげだ」と卒業アルバムに書いてくれた子がいました。Aくんでした。

あの壮絶《そうぜつ》な一年間は、毎日が悩みの連続であり、弱い自分自身との戦いでした。でも私が変わった分だけ、確実に子どもたちも変わっていきました。いまの私があるのは、あの子たちのおかげなのだと感謝の思いでいっぱいです。

これからも、どこまでも子どもたちの可能性を信じ、励ましを送り続ける教員をめざして日々、成長していきます。

PROFILE

たかの・としみ／創価大学文学部外国語学科卒業後、会社員を経て、念願の教員の道へ。小学校教諭としての5年間、毎年のように学級崩壊後の立て直しに挑戦している。「何があっても負けない人に。決してあきらめない人に。そして人の心の痛みがわかる人に――」との願いを心に抱きながら、真剣に子どもたちと向き合っている。

言葉の壁を超えたモンゴルでの交流

中学校教諭　田沼　正一（群馬）

２００７年（平成19年）夏のことです。日本赤十字社北関東４県（埼玉・栃木・茨城・群馬）支部の青少年赤十字国際交流派遣《はけん》事業の一環で、友好交流親善のための群馬県指導者代表として、私はモンゴルへ派遣されました。子どもたち14人、付き添い教員４人、日赤のスタッフ４人からなる総勢22人の副団長という立場での参加でした。

群馬県では、小・中・高校の７割以上が青少年赤十字（ＪＲＣ）に加盟しています。青少年赤十字とは、人道《じんどう》の精神を根本に各学校で指導者と児童生徒が一体となっ

て「健康・安全」「奉仕」「国際理解・親善」の実践目標を掲げ、活動するものです。

私自身は、新任校での校内ボランティア活動をきっかけに、次第に「青少年赤十字活動」の普及・推進などに関心を持つようになり、市や県の中学生リーダー養成、若手教員指導者養成などにかかわってきました。

■亡くなった日本人を弔う優しさに涙

私たちは①交流団の「健康・安全」②交流活動への積極的な「奉仕」③モンゴルとの架《か》け橋となるために信義と信頼に満ちた「国際理解・親善」という目標をもって出発しました。

ウランバートル市から車で30分ほどの草原の小高い丘に、ノモンハン事件や日本とソビエト連邦との戦争による抑留者《よくりゅうしゃ》で、モンゴルの地で亡くなった日本軍人慰霊《いれい》のための巨大モニュメントがあります。その日本人墓地を視察したところ、施設管理をしていたのはモンゴル赤十字社でした。

団員の中学生が、「なぜモンゴルを侵略《しんりゃく》した敵（日本軍）を手厚く祀《まつ》るのですか？」と管理者に質問したところ、思いがけない言葉が返ってきました。

「日本人、モンゴル人の区別なく人道の精神から、捕虜《ほりょ》となって病気や飢えのために亡くなった人を弔《とむら》うのは当然です。赤十字の精神から皆、人間は平等だからそうするのです。故郷に帰れなくなった人たちのことを思うと胸が痛みます。慰霊碑《いれいひ》を囲む壁には日本を象徴《しょうちょう》する桜が刻まれています」

モンゴルの人たちの優しい心に目頭を熱くし、全員で線香《せんこう》をたむけ、「故郷《ふるさと》」の歌を合唱しました。私に限らず、誰もが日本を思い起こしたひとときとなったようでした。

今回の交流のメーンは、現在、赤十字活動をしている両国のメンバーが、モンゴルの伝統的住居・ゲルの中で交流ミーティングを行うことでした。交流する中で心は打ち解け、互いの実践を通して意見交換をしました。

モンゴルの赤十字メンバーからは、マンホール・チルドレンの救済のために、学校内で余った鉛筆などの文房具を自主的に回収して寄付する、お米を一人一握《にぎ》りずつ持ち寄り、集まった米を学校単位で食糧支援にあてる活動などが紹介されました。また、社会的な広がりを持ったＨＩＶ（エイズウイルス）感染防止キャンペーン啓蒙《けいもう》活動など、〝国を良くしていこう〟とする涙ぐましい取り組みも報告されました。

交流団とモンゴル赤十字メンバーの宿泊場所になったモンゴル草原内にあるナイランダムゲルキャンプ場

そして、自国の歴史・文化にたいへん誇りを持ち、モンゴル建国の父チンギス・ハーンの生い立ち、母への恩、ゲルの構造や工夫などを胸を張って語る様子が印象的でした。

「ゲルを建てるときは、必ず入口を南向きにします。一番奥は父親の居場所で、ゲル内では左側に男性、右側に女性が生活します。天窓のウルフを開け閉めすることで、明るさや温度を調節します。これら祖先の知恵を今でも受け継いでいます」

こうした言動に触れ、日本のメンバーの間には、モンゴルのメンバーに対する心からの敬愛の念が広がったように感じられました。

交流事業で最も印象に残ったのは、モンゴ

モンゴルの子どもたちに折り紙を教え、一緒に遊ぶ日本の生徒たち

ルの子どもたちとの出会いでした。日本の子どもたちが、モンゴルの子どもたちに日本の伝統的な遊びを紹介して、一緒に遊ぶ機会がありました。「お手玉」「あやとり」「紙風船」「剣玉《けんだま》」「折り紙」などがそうですが、この中で特に、モンゴルの男の子たちの興味を引いたのが「剣玉」でした。

大皿に玉が乗ると大歓声《だいかんせい》、小皿に移るとさらに大歓声、最後に、剣に玉が刺さると大《おお》はしゃぎになりました。モンゴルの男の子は、小さい頃から競馬や相撲、弓矢などの訓練をしながら遊びます。

こうした競技性のある遊びが大好きなようで、交流の時間いっぱい、活発に遊んでいる子が少なくありませんでした。

女の子は「折り紙」に興味を示しました。日本の女の子が丁寧《ていねい》に折り進む一枚の折り紙が、次第に鶴の形になっていくのを不思議そうに見つめていました。教えてもらいながら、自分の力で鶴が仕上がっていくと、目を輝かせ、満面の笑顔でした。交流を終えて別れるときには、まるで宝物を抱きかかえるように持ち帰っていきました。

こうして日本文化を通して楽しく交流できた姿に、親善大使として今回、参加した子どもたちも、〝真心をこめて交流すれば言葉を超えた交流ができる〟と、実感をもって体験することができたようでした。

ある男子生徒は、その喜びを、「今回、たくさんのことを学びました。最初はいろいろ不安がありましたが、人間同士、気持ちを伝え合い、国や言葉という枠《わく》を乗り越えて世界的な視野で物事を見ることの大切さを知りました」と語りました。

■お互いの心の回路を開放してこそ

私はモンゴルの子どもたちから、日本人が忘れかけている友愛や相互扶助《ふじょ》の心を垣《かい》間《ま》見せられた思いでした。同じアジアの同胞《どうほう》として日本の子どもたちにも、彼らの詩

モンゴル中学生による伝統的楽器、馬頭琴の見事な演奏に聞き惚れる

心と笑顔を学んでほしいと願わざるをえませんでした。それこそが、心と心の回路の開放を意味しているからです。

　モンゴルの大地を離れるとき、池田ＳＧＩ会長が詠《よ》まれた詩が心に浮かびました。

「涯《はて》なき大草原に／新しき暁光《ぎょうこう》は漆黒《しっこく》のベールを破り／天空を紫水晶に染《そ》めゆく／草々の葉末に宿る夥《おびただ》しい滴《しずく》のプリズムは／地上の虹《にじ》と煌《きら》めき眩《まば》ゆき光の海原が波打つ／その時詩人は静かにゲルを出で風を身に集めて独り佇《たたず》む」（「精神の泉　生命の青き水脈」より）

　昨年の暮れには池田ＳＧＩ会長とモンゴル国立文化芸術大学のドジョーギーン・ツェデブ学長との対談集『友情の大草原』を手にし

ました。夢中で読みましたが、二人の語らいの一行一行に目を走らせながら、モンゴルの子どもたちの笑顔や交流の一場面一場面が、懐《なつ》かしく思い出されてなりませんでした。

文化交流とは、人と人の心を結び、その琴線《きんせん》に共感のハーモニーを奏《かな》でるものにほかなりません。これからも、平和と国際理解を自身のテーマとしながら、日本やモンゴルの子どもたちだけでなく、世界中の子どもたちの幸福のために、まず自分自身から心の回路を開放し、人間教育、人道教育の着実な実践を重ねていきたいと念願しています。

PROFILE

たぬま・しょういち／創価大学教育学部卒業。聖徳大学大学院修士課程児童学研究科修了。現在は市立中学校で青少年赤十字活動（JRC）における健康・安全、奉仕、国際理解・親善のボランティアに力を入れており、日本赤十字社群馬県支部から指導者歴5年表彰「銀枠感謝状」を受賞。生徒からは〝タヌマッチ先生〟〝タンちゃん〟と呼ばれている。

美術教科を生かした平和へのデザイン

中学校教諭　杉本　哲也（奈良）

私は現在、奈良市の中学校に勤務し、学年主任と美術科を担当しています。

平成18年度よりＮＩＥ（Newspaper in Education）〈教育に新聞を〉の一環として、新聞を取り入れた実践校として、奈良県で初めて美術科で取り組むこととなりました。

どんなテーマ、課題にしようかと悩みながら生徒作品の記録をながめていたとき、小学校時代から不登校になり、中学1年から別室登校していたＡくんの1枚の写真と新聞記事に目がとまったのです。彼岸花《ひがんばな》に一匹の赤トンボがとまっている写真でした。

「飛ばないでいるトンボを撮《と》った人すごいね！」「うまく撮れている写真やね！」画用紙に写真を貼り付けた瞬間、まわりに平和で幸福な、のどかな情景《じょうけい》が広がっていきました。私にとってAくんの作品が、初めてのフォトイメージアート作品となりました。

2年目には、奈良県NIE実践報告会で「美術に関する新聞記事を探してみよう」（フォトイメージアートと美術鑑賞新聞）を紹介しました。

特に新聞記事を探す作業がきっかけとなって、美術があまり好きでなかった生徒の意欲が向上した実践例は、参加者の関心を呼び、新聞に興味を持たせる上での工夫、新しい試みなど、活発な意見が交わされたのです。

■手作りのピースマークを世界の指導者に

『創価教育学体系』を著《あらわ》された牧口初代会長も、絶えず教科書と新聞記事を関連づけて、子どもたちの授業への興味・関心を喚起《かんき》されたそうですが、新聞は「平和」を意識させる題材が事欠きません。

教職について27年、現在の課題は美術や平和と新聞をどう連動させて生徒のものとしていくかにあります。

思えば、美術科教員の私が「平和」に取り組むようになったきっかけは、教員生活のスタートとともにありました。新任当時、赴任《ふにん》した中学校は、古びた木造《もくぞう》校舎の廊下のあちこちで「パパーン」と爆竹《ばくちく》がなり、窓ガラスが割られ、挙句《あげく》の果てが、授業中断や非行、校内暴力の発生で、教員は生徒指導に走り回る毎日でした。生徒たちが暴力におびえて勉強ができない。こんな不幸なことはないと、強く感じていました。

忘れもしません。そんな折の１９８４年（昭和59年）、池田ＳＧＩ会長が「教育の目指すべき道――私の所感」の中で、「全体性」「創造性」「国際性」を併《あわ》せ持った人格の涵養《かんよう》を目指す教育の大切さを提案されました。

いまでこそ、こうした教育は定着しつつありますが、当時としては、特に国際性の育成など画期的なことでした。触発《しょくはつ》を受けた私は、生徒たちには身近なことと世界の出来事を結びつけて捉《とら》える目や意識を持ってほしいと考えたのです。

ちょうど勤務する中学校では数年来、ヒロシマ・ナガサキを題材に「平和教育」に取り組んでいました。平和でなければ、子どもの幸福はありえません。そこで班ごとに学級のシンボルマークと、平和をテーマにしたマークデザインを描くことにしました。すると、人を殺傷《さつしょう》する大砲の筒の中に鳩が巣をつくったデザインや地球を笑顔の連帯で包んだものなど、個性あふれるユニークな作品が出てきたのです。

これらのデザインを見て、私は身体が震《ふる》えるほどの感動を覚えました。生徒たちの感性や美的感覚は何とすばらしいのか。何よりも生徒たち自身が、いままでの自分とは違う、新しい自分に生まれかわりつつあるという手応えを実感したのです。

夏休み特別教育活動の「平和学習」のときには、ヒロシマ・ナガサキの原爆の惨状《さんじょう》についてのビデオを全校で見た後、クラス会でマークを活用する方法を話し合いました。その結果、展示会などへの応募《おうぼ》にとどまらず、「国際平和年」の先駆《さきが》けとして世界各国の元首や大統領、大学、美術館などにメッセージを添えた「ピースマーク」を送ることになりました。

国連や米国のレーガン大統領（当時）、ソ連のゴルバチョフ書記長（当時）、英国のサッチャー首相（当時）をはじめ、フランスのルーブル美術館、大英博物館、オックスフォード大学、ハーバード大学など、送った手紙は一〇〇通ほどに上りました。生徒たちが考え、英文タイプしたメッセージは、次のような内容でした。

「私たちは原子力の平和利用を考えるべきです。いまも多くの日本人が原爆症のために病院に入院しています。人は戦争が今世紀には2度と起こらないだろうと言いますが、本当でしょうか。戦争は心と命を傷つけます。いつでも平和を考え続けなければならないという考えで、マークを作りました。できれば、メッセージをいただければうれしいです」

国内では真っ先に静岡県の池田20世紀美術館の牧田館長から、地球を笑顔の子どもたちで包んだマークについて、「赤と黒の配色でデザインすれば抜群《ばつぐん》の効果がありです」とのアドバイスが届きました。10月には、プレジデンス・デ・ラ・リパブリック・パリスと書かれたフランス大統領府から、海外第1号の返事が届きました。そこには、ミッテラン大統領（当時）からの「平和を願うあなた方のご意見を喜んでいます。平和な未来を築くためには、とりわけあなた方を含む若い世代に頑張ってもらわなければなりません」とのエールが記されていました。

さらに、生徒たちが大喜びしたのは、大英博物館からの8枚のポスターと次のよう

1986年(昭和61年)9月9日 火曜日
朝日新聞
ブルガリアから招待状
桜井・大三輪中に
「平和の旗」の集いにどうぞ
生徒の描いた作品が縁

ワールドピースマークが国際平和年のポスターに採用され、ブルガリアから招待状が届いた（1986.9.9付　朝日新聞掲載）

なメッセージでした。

「私たちはいま、あなた方のピースマークを事務所の壁に張りつけました。ここにはたくさんの日本の訪問者があります。

あなた方の学習が、すべて成功することを望んでいます」

また驚いたことに、東京からブルガリア人民共和国アンゲル・アンゲロフ駐日大使一行が、トドール・ジフコフ国家評議会議長（大統領）のメッセージを携《たずさ》えてわざわざ中学校を訪問してくださり、全校生徒が体育館で見守る中、ブルガリア古代の銀の壺《つぼ》や、子どもたちの日常生活を描いたアルバムが手渡されました。

学校からは、生徒たちが作った千羽鶴や寄せ書きとともに、私が描いた奈良の水彩画を大使に贈りました。

早速、このことが新聞やテレビ・ラジオで全国に紹介され、大きな反響がありました。そして、「世界人権宣言桜井市実行委員会」が「国際平和年」を記念して制作するポスターに、生徒たちが描いたピースマークの中から数点が選ばれたのです。

さらにブルガリア大使館より手紙が届き、ユネスコ（国連教育科学文化機関）活動の一環としての「平和の旗」組織委員会が、ブルガリアの首都ソフィアで行われる「子どもたちの国際平和集会」に、わが校の生徒2名と随行者1名を招待し、その旅費と滞在費を負担する用意があると伝えてきたのです。

この知らせは職員・生徒から保護者までを驚かせましたが、私は校長の推薦《すいせん》で、代表の2名の生徒に随行《ずいこう》し、大阪国際空港から成田―アンカレジ（アラスカ）―ロンドン―ハンガリー（ブダペスト）を経由し、目的地であるブルガリア（ソフィア）へ。

飛行機の窓から見たバルカンの月は白く輝き、「平和の旗」集会の大成功を見守ってくれているような感じがしました。国賓《こくひん》扱いのため、税関もフリーパスで、空港の

ワールドピースマークの旗をもつ日本、ブルガリア、ルーマニアの子どもたち

控え室ではバラの花束を持った数名のブルガリアの子どもたちが、笑顔で私たち3名を出迎えてくれました。

参加国はソ連（ロシア）、フィンランド、東ドイツ、ポーランド、チェコスロバキア、ルーマニア、スペイン、ポルトガル、日本、ブルガリア、ハンガリー、イタリアの12カ国。過去3回の平和集会には絵、詩、科学、スポーツの才能が集まったそうですが、デザイン部門は私たちが初参加でした。

集会は、文化宮殿、小学校などでブルガリアの子どもたちがリーダーシップを発揮し、世界平和をテーマに想像力豊かな作品やコーラス、ダンスなどの発表がありました。

「平和と友情の記念植樹」なども行いましたが、このときの感動は、いまも平和教育に取り組む私の勇気の源泉となっています。

■自分なりの表現スタイルを身につける

その後、転勤した中学校の文化発表会でも、ピースマークが登場しました。夏休みの課題として、240枚の画用紙に3年生全員で平和を訴えたピカソの「ゲルニカ」の模写《もしゃ》を完成させましたが、その裏には世界平和を願ったワールドピースマークが描かれました。そして「今、平和への道を求めて」というタイトルのもと、縦3・3メートル、横7・5メートルの大作《たいさく》を校舎の北側の壁に展示したのです。

現在まで毎年、継続的に平和をテーマにした美術教育に取り組んできました。ここ数年は新聞が加わっていますが、このピースマーク運動はクラスから飛び出し、地域、社会、そして世界へと広がっていきました。

ハワイ大学のグレン・D・ペイジ教授から届いたメッセージの中には、このように書かれていました。

「平和な世界共同体を築くために、人類の感情の美しさを表現しようと努める創造的な芸術家、詩人、作詞家、映画製作者、作家、彫刻家《ちょうこくか》、そして、その他多くの人々の作品が必要なのです」

ピースマーク運動はまさしく、視覚的造形文化、美術による直接的な働きかけが、グローバルな国際交流に貢献《こうけん》していった一つの例といえるのではないでしょうか。

人間の創造性は、いわば生命力の発露《はつろ》です。新任の頃の荒れた中学生も、本当はあり余るエネルギーのはけ口をどこかに求めていたのだと思います。一人ひとりの個性が、自分なりの表現スタイルを身につけることで、平和へのデザインをイメージする光源に昇華《しょうか》され、世界平和を創出していく地球的な広がりを生んでいくのだと実感されてなりません。

PROFILE

すぎもと・てつや／「大地とともに太陽とともに自身の個性を開花させていこう」とのモットーで美術教育に従事。１９８６（昭和61）年ブルガリア国際子ども平和の旗集会に参加。96（平成８）年には中国ハイラル第７中学校へ友好使節訪問。05（平成17）年には教育研究論文入選・美術県教育長賞を受賞。月刊「ならら大和」に民話挿絵・スケッチを掲載。

資料　実践記録のすすめ―教育現場から見えてくるもの―

Ⅰ　実践記録運動のモットー

1　子どもが見える・授業が見える・そして自分が見える

記録をとるということは、子どもへのかかわり、授業のあり方など、自分自身の教育実践を見つめ直すことです。記録を綴《つづ》ることにより、それまで見えなかった子どもや授業が、いままで以上によく見えるようになっていく。記録活動を通して、それまで意識されていなかった日常の出来事や、子どもの些《さ》細《さい》な行動にも自然に目を向けていくようになります。また、実践記録を綴る中で、子どもの行動の奥に秘められた心の痛みに同苦できるようになります。そして、一人ひとりに応じた子どもの長所を見る目を磨くことができるのです。

2　教師が成長すれば、子どもが成長する

実践記録を綴ることは、どこまでも子どもの成長のためです。子どもの成長を願い、見守っていくとき、教育者自身の認識に変化が生じてきます。その「気づき」が、見方やかかわり方を変え、子どもの変容や成長へとつながっていきます。教育者の姿勢が変われば、子どもも変わってきます。日々の教育実践を綴ることで教育者自身が成長し、自分自身の実践智を貯《たくわ》えていくのです。

3 「排」から「拝」へのかかわり

集められた実践記録の中から代表的ものが、人間教育実践報告大会などで報告されます。その教育実践が、なぜ大きな感動を呼ぶのでしょうか。それは、「この子さえいなければ自分のクラスは」「この子がいるので、自分の学級は」などといった自分で手に負えない問題を抱えた子どもを「排除《はいじょ》」するのではなく、この子がいるおかげで、自分自身も成長できるのだとの感謝の心が伝わるからです。その教師自身や親の「排」から「拝」へという心の転換、一念の転換がそこに見られます。どの子どもにも本来持っている尊い人格を「拝」するかかわりこそ教育の原点であり、教育を蘇生《そせい》させる源泉であるといっていいでしょう。

Ⅱ　実践記録ＡＢＣ分析法

いままでに集められた、数多くの事例の分析から見えてきたものがあります。まず、子どもや学級との出会いの中から課題を把《は》握《あく》し、その課題を解決する手立てや工夫が行われ、その結果、子どもや学級に変容や成長が見られるという共通の構図です。そこで下の図のように「Ａ―子ども、学級の実態」「Ｂ―教師の手立て・工夫」「Ｃ―子ども、学級の変容」からなる実践記録の構造を「実践記録ＡＢＣ分析法」としました。

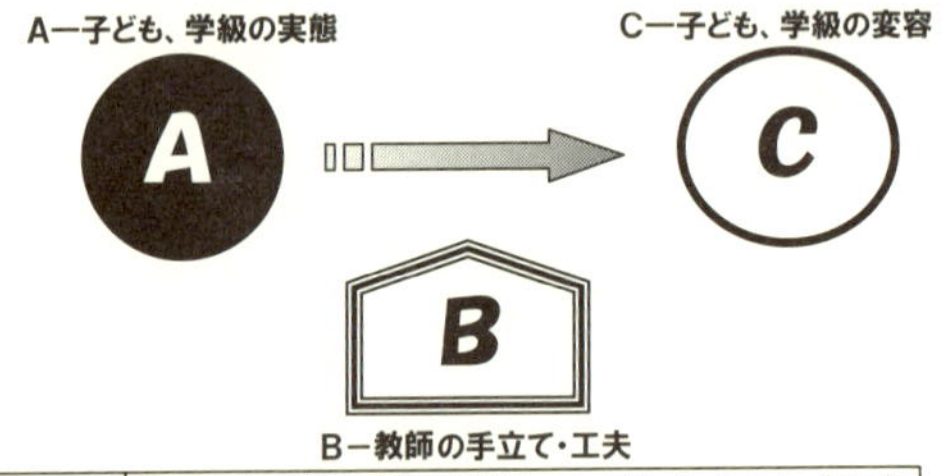

A 実 態	子どもや学級の実態を観察していて気づいたこと、気になった子のプロフィル、背景、はじめの印象など。子どもへのかかわりや授業経営上などで困っていること、子どもを観察する中から発見した課題など。
B 手立て	Ａで気になった実態に対して、教師としてどのような手立てを行ったか、指導法をどのように工夫したかなど。また、どのような気持ちで接したか、どんな言葉をかけたかなど。
C 変 容	Ｂの教師の手立て・かかわりの経過の記録を通して、その結果、子どもにどのような変化が見られたか、どのように成長したのかというもの。対象児だけでなく、学級や学校全体、家庭の変化もみられる。

Ⅲ　実践記録ＡＢＣシート

◆◆◆ 実践記録ＡＢＣシート ◆◆◆

年　月　日

テーマ				氏　名	
校　種		対　象		都道府県名	

A.　困っていることは？
（スタート）　どうだったか？

C.　何をどうしたいか！
ゴール）　どうなったか！！

B. そのための手立て

気づいたことは？

◆◆◆ 実践記録ＡＢＣシート ◆◆◆

○○○○年　○月○日

テーマ	キミが教えてくれたもの			氏　名	○　○　○　○
校　種	保　育　園	対　象	5歳児男子	経験年数	3　0　年

A.　困っていることは？
（スタート）　どうだったか？

①広汎性発達障害のＡくんがクラスに年度途中で入所
②面接の日、興味の趣くままに園内を走り回る
③棚の上にある金魚の水槽まで駆け上り
④絵の具の水を飲もうとする
⑤ほかの子が製作中に机の上をスライディングする
⑥クラスから飛び出し、園内を走りまわる
⑦「先生たちもうちの子が迷惑だと思っているんでしょう
⑧「嫌いでしょ」と吐き捨てるように言う母

C.　何をどうしたいか！
（ゴール）　どうなったか！！

①クラスから飛び出さない
②担任と信頼関係ができ、指示が通るようになる
③散歩のとき豊かな感性を見せる
④側転の名人
⑤劇遊びの発表会では、みんなと同じ課題に取り組む
⑥卒業式ではずっと座っている
⑦凛々しく賞状をもらい晴れ晴れと堂々としている
⑧我が子のありのままの姿を認め、成長を喜ぶ母

B. そのための手立て

①勝手に教室を飛び出さない担任とＡくんとの２人のルール作り
②行動を否定的に言わない
③担任の気持ちを卒直に伝えていく
④同じ作業を繰り返す
⑤ほかのお母さん方にもＡくんについて理解してもらうことを話す
⑥友だちにＡくんと話すときには、名前を呼んでから、目を見てゆっくり話すようにした
⑦友だちがＡくんのいいところを認め、ほめるようになる

気づいたことは？

①母子ともに１対１の対話を期待
②言葉の使い方で反応が全く違う
③否定語は全く効果がない
④素直な感性が魅力的だと認める
⑤得意なことで居場所と出番をつくる
⑥信頼関係ができると指示が伝わる
⑦どの子にもある「花」を早く発見

事実記録	印象記録
4／18　乳歯がぐらぐらしている。	今回も紙を口の中に入れているが前回のように騒がないのはどうしてだろう。
明日の予定も「書かない」と言う。母親が迎えにくる。	自己主張を始めたな。

Ⅳ　実践記録のスタイル

1　記録のつけ方

①エピソード記録――気になった出来事について、その情景が浮かぶように会話や教師の気持ちも入れて、日記風に書きます。

②〝ハッ〟とメモ・〝ホッ〟とメモ――子どもの言動や行動にハッとしたときやホッとしたときにメモします。メモ用紙を身近におき、すぐメモできるようにしておきます。

③事実記録と印象記録――記録の内容を「事実」と「印象」に分けて書きます。

事実記録には、子どもの会話や様子を場面が浮かぶように客観的に記述します。

印象記録には、教師の気持ちや疑問に感じたことを書いていきます。そうすると、自分の見方やかかわり方が見えてきます。

2　実践記録の書き方

①スタイルは、指針‥　教育実践‥
②用紙はＡ４の縦、ヨコ書き
③文字数は40字×40行
④ポイント数10・５ポイント　ＭＳ明朝体
⑤長さは自由。※ただし、指導案や資料などはＡ４用紙に貼り付ける
⑥１行目　タイトル（20文字以内）
⑦２行目　都道府県　校種　キーワード　氏名
⑧３行目　一行あき
⑨４行目　指針‥
⑩５行目　引用文
⑪○行目　一行あき
⑫○行目　教育実践‥
⑬○行目　実践事例の内容
⑭注意事項
ａ．生徒や職員などの実名は避け、Ａさんなどの仮名を使う。
ｂ．人権、プライバシーに気をつけ差別用語は使わない。
ｃ．添付資料は、出典を明記し、著作権などに気をつける。
⑮付記―文末に、雑誌・研究会等での発表懸賞などがある場合は、その主催と発表日、賞などを記載。

（実例）　Ａ子ちゃんの可能性を信じて

●●県　小学校　発達障害・かかわり　創価　太郎

１行あき

指針：子どもも、みんな違う。それぞれに、その子だけの、その子らしい「花」がある。木を育てるのも、人を育てるのも、「育てる」ためには「育ってくる」のを信じて待つ忍耐が必要なのだろう。今、どんなに成績が悪くても、どんなに手に負えない規格外れの子でも、将来、どんな面白いこと、素晴らしいことをする人間になるかわからない。
そう信じる愛情の深さの分だけ、子どもたちは伸び伸びと、「生き抜く力」という根っこを張り広げていけるのではないだろうか。（『希望の世紀へ　教育の光』83頁）

１行あき

教育実践：この先生の「桜守り」についてのご指導を読んでから、子どもに接するときの自分自身の姿勢を見つめ直し、子どもの可能性をどこまでも信じぬく教師を目指して、現場で日々奮闘しています。
　昨年担任した２年生のクラスには、個性あふれる子どもたちがたくさんいました。特に、軽度発達障害がある子、家庭で課題を抱えている子、学習面で消極的な子など、配慮を必要とする児童が複数いました。（以下略）

3　実践記録の3要素

実践記録の書き方に慣れてきたら、次の3要素を意識しながらまとめてください。

〈テーマ性〉

実践記録は、日々の実践の中から、現実の問題をどのように見つめたか、何を問題としたかというテーマ性が明確になって初めて、現実をどう切り開いていくかという具体的な手立てや知恵を蓄積《ちくせき》していくことができます。

〈ストーリー性〉

ストーリー性とは、実践の中に物語のように起承転結《きしょうてんけつ》が含まれているということです。実践記録のＡＢＣを意識すると、実践の経過、子どもの変容が明確になります。

〈ドラマ性〉

教師が本気で子どもに向かっていくとき、相互に触発《しょくはつ》が生まれ、教師にも子どもにも変革のドラマが生まれます。教師や子どもの成長が、感動のドラマとして展開されている実践記録は、悩みを抱えた多くの教師に勇気と希望を与えています。

第2章

対談
平和の世紀へ―「対話の力」を高める教育を

❖対談

平和の世紀へ――「対話の力」を高める教育を

宮本教育本部長（**以下　宮本**）　いま、世界の平和を考えるとき、「平和の文化」を育《はぐく》むことが大切であると叫ばれています。

　そのためにも「文明間の対話」をはじめ「対話の大輪」を世界中に花開かせていくことが望まれるわけですが、これは、教育の場に即して考えれば、「対話の力」を高める教育のあり方が時代の要請となっているということではないでしょうか。

　一貫して「開かれた対話」の重要性を訴え

▼宮本　発（創価学会教育本部長）

みやもと・はじめ／創価学会副会長・教育本部長。東京都在住。

▼渡邊　弘（宇都宮大学教授）

わたなべ・ひろし／慶應義塾大学大学院社会学研究科博士課程中退（教育学博士）。宇都宮大学教育学部助教授を経て、現在同大学教育学部教授。

てこられた宇都宮大学の渡邊弘教授のご意見を伺《うかが》っていければと思います。

女性の特質を輝かす平和活動に共感

渡邊教授（以下　渡邊）　私たちの世代もそうですが、「対話」を前面に出した学校教育など、あまり受けてないのではないでしょうか。ですから、対話力と言いますか、話す、聞くといった能力が身につくようにしていくことは学校に限らず、家庭でも心がけていく必要がありますね。実は私、宇都宮市文化会館で開催された「平和の文化と子ども展」にお招きを受け、出席したことがあります。主催された創価学会女性平和委員会の皆さんをはじめ、運営の方々が、生き生きと行動されていて感心しました。

宮本　「同じ地球にすむ子どもたち」「いのち輝く子どもたち」などのコーナーでは、世界的な平和学者として知られるアメリカのエリース・ボールディング博士や、「子どもの権利条約」の精神的な父であるポーランドのヤヌシュ・コルチャックも紹介されています。子どもの幸福と平和に尽くしてきた、三代の会長の足跡も、展示されています。

渡邊　そうでしたね。展示の一つひとつに女性らしい子どもへの思い、平和への思いが込められていることが強く心に残っています。とりわけ、パンフレットを含めて、子ども観、人間観が明示されている点が新鮮な驚きでした。まさに創立以来、牧口初代会長、戸田第二代会長、そして池田第三代会長へと、代々の会長に継承された平和への熱き思い、子どもたちを幸せにせずにはおかないという、創価教育の精神が脈打っていました。

宮本　ボールディング博士は、池田ＳＧＩ会長と対談集『「平和の文化」の輝く世紀へ』を出されています。

国連（国際連合）は、２０１０年（平成22年）までの10年間を「世界の子どもたちのための平和の文化と非暴力の国際10年」として活動を推進しています。創価学会もいろいろな形で支援してきました。「平和の文化と子ども展」がオープンしたのは２００６年（平成18年）10月でした。新宿区にある創価世界女性会館が会場で、日本ユニセフ（国連児童基金）協会大使として世界各地を回っているアグネス・チャンさんが挨拶《あいさつ》されました。

渡邊 そうでしたか。「平和の文化と子ども展」はそれ以後、日本の各地を巡回《じゅんかい》しているわけですね。

男性にはない女性の特質、母性に秘められた本質的な平和への思いと行動を、創価学会は全面的に解放されています。これこそが「平和の文化」を花開かせていく源泉ともなっていくのではないか、と強く感じました。

宮本 ありがとうございます。ボールディング博士やアグネスさん、女性平和委員会の皆さんをはじめ、「平和の世紀」を築いていくのは、まぎれもなく女性だと痛感します。

すべての民衆の救済を願われた日蓮大聖人は「男女はきらふべからず」（御書1360ページ）と、700年以上も前から男女の平等を訴えておられました。その精神を受け継いで、創価学会では創立以来、女性が最大に尊重《そんちょう》され、女性の力が存分に発揮されてきました。

いわば「世界人権宣言」の精神を先取りしてきたわけですが、今年2008年（平成20年）は、「宣言」が国連で採択《さいたく》されてから60年に当たっています。

渡邊　もう60年になるのですね。ご存じの通り、第二次世界大戦が終了した1945年（昭和20年）に国際平和と安全の維持を目指す「国際連合」が誕生しました。「世界人権宣言」の採択は、3年後の1948年（昭和23年）12月の第3回国連総会においてでした。戦後の人権思想の出発点とも言うべき歴史的な宣言です。全体は前文と30カ条から成っています。印象深いのは第1条と第3条です。人間としての権利はもちろん、人間観が色濃く出ているからです。第1条はこうです。「すべての人間は、生まれながらにして自由であり、かつ、尊厳《そんげん》と権利とについて平等である。人間は、理性と良心とを授けられており、互いに同胞の精神をもって行動しなければならない」

宮本　心に迫ってくる文言ですが、第3条はさらに簡潔《かんけつ》な表現になっていますね。「すべて人は、生命、自由及び身体の安全に対する権利を有する」と。

渡邊　「生命」を何よりも大切にするという思想や生き方は、創価学会では初代の牧口会長、第二代の戸田会長、そして第三代の池田会長とずっと受け継がれ、時とともにより広範《こうはん》な潮流となってきたものですね。第二次世界大戦以前の国際社会においては、個人の人権や権利については他国の干渉《かんしょう》は許さないという考え方が支配的でした。ところが、戦後、多くの国が独立していく中で、人権に関する問題が一挙に出てきました。だから、国際的に人権を義務付ける「世界人権宣言」が生まれたのです。

宮本 人権なくして平和もなければ、人間の幸福もありません。実は、「世界人権宣言」の作成に携《たずさ》わった起草者《きそうしゃ》の一人アウストレジェジロ・デ・アタイデ氏と池田SGI会長は、対談集『21世紀の人権を語る』を編《あ》んでいます。

アタイデ氏はブラジルの偉大な思想家であり、南米最高峰の知性と精神の殿堂である「ブラジル文学アカデミー」の総裁を務められた方ですが、対談集の発刊が合意されたのは、在外会員証の授与式に先立って行われた会談の席上でした。アタイデ総裁は「世界人権宣言」の精神を、「最も明確に、現実の行動の上に翻訳《ほんやく》し、流布してくださっているのは池田会長です。作成した人々以上の功績《こうせき》です」と語っていますが、人間は誰もが尊厳な存在であり、人間らしく生きていく権利を持っています。学校でも、家庭でも機会を見つけては語り合ってほしいですね。

渡邊 その教育の面でも人権に関連した試みがありました。1949年(昭和24年)、デンマークで開かれたユネスコ(国連教育科学文化機関)主催の第1回世界成人教育会議です。それまで疎《おろそ》かにされてきた人々の教育の機会を、どう保障するかが語り合われたのです。そしてこの精神がやがて、「生涯教育」の理念へと受け継がれていきました。1965年（昭和40年）にフランスの教育学者ポール・ラングランが生涯教育の考えを成人教育推進国際会議に提案したことが、ユネスコ事業計画の中に「生涯教育」の理念が掲げられるきっかけになっています。

今日的な意義を持つ「原水爆禁止宣言」

宮本　誰もが学ぶ喜びを謳歌《おうか》できる世界にしていかなければなりませんが、残念なことに、「世界人権宣言」に謳《うた》われたような人類の願いも空《むな》しく、この60年の間に戦争や紛争が勃発《ぼっぱつ》してきたのが世界の現実です。朝鮮戦争やベトナム戦争もそうですし、イラン・イラク戦争、イスラエルとパレスチナの戦争も多くの人々を苦しめています。広島や長崎に投下された原水爆の脅威《きょうい》も、一向に減少していません。

渡邊　歴史に学べない人間の愚《おろ》かさと言いますか、まさに「喉元《のど》過ぎれば熱さを忘れる」の譬《たと》え通りの状況です。だからこそ私は、人間の生存の権利を訴えられた戸田第二代会長の「原水爆禁止宣言」が、いまなお重要な意義を持っていると言わざるをえません。「われわれ世界の民衆は生存の権利をもっております」「それ（核）を使用したものはことごとく死刑にすべきである」との主張は本当に痛烈です。

宮本　この「原水爆禁止宣言」は、横浜市の三ツ沢競技場で行われた創価学会青年部の体育大会「若人の祭典」で発表されたものです。1957年（昭和32年）の9月8日ですから、いまから51年前になります。

渡邊　湯川秀樹博士も署名した「ラッセル・アインシュタイン宣言」、ご存じのようにアルバート・アインシュタイン博士やバートランド・ラッセル氏をはじめ、11人の世界的な科学者が核兵器廃絶《はいぜつ》、科学技術の平和利用を訴えたものです。この宣言が1955年（昭和30年）の7月ですから、戸田会長の「原水爆禁止宣言」も非常に早い時期の主張であり、個人として「核は絶対悪」と断じられたわけですから、歴史に残る宣言ですよ。

　核廃絶は人類の願いであるにもかかわらず、核の脅威はいまなお増大しています。民衆の「生存の権利」を脅《おびや》かす核はサタン（魔物）であると喝破《かっぱ》された戸田会長の叫びは、これからも私たちが「平和論」や「平和運動」の原点としていくべきものではないでしょうか。

宮本　おっしゃる通り、普遍性を持った宣言です。戸田会長より青年に託された遺《い》訓《くん》であり、創価学会の平和運動の原点となりました。私自身は特に１９８６年（昭和61年）、中国・天安門広場で「核兵器─現代世界の脅威」展の開催を実現され、師匠の平和への思いに応えられた池田ＳＧＩ会長の姿に深く感動いたしました。

宣言から50周年になる昨年２００７年（平成19年）は、記念の催《もよお》しが世界の各地で持たれました。アメリカのサンフランシスコでは、戸田記念国際平和研究所と核時代平和財団（ディビッド・クリーガ所長）の共催による「核廃《はい》絶《ぜつ》への挑戦」をテーマにした国際会議が開催されました。

ニューヨークでも、核兵器の廃絶を呼びかける市民平和フォーラムが開かれました。池田ＳＧＩ会長もメッセージを贈り、青年が先頭に立って対話の波を起こしていくよう呼びかけました。核兵器を許さない、核を廃絶していく──。これは、創価学会、ＳＧＩの皆が分かち合っている平和への信条です。この平和観、平和への思いは、誰もが共有できるコンセプトではないでしょうか。

三代の会長に継承される「生命尊厳」の思想

渡邊 平和主義云々と言っても、それは誰もが共感できるものであるべきでしょう。私が思うに、「生存の権利」「平和に生きる権利」の主張の基盤にあるのは、「生命尊《そん》厳《げん》」の思想であり、生命的ヒューマニズムだということです。「生命」は何ものにも代え難い尊極《そんごく》の宝である――これは、創価学会の場合、牧口初代会長以来、最も重要な価値観として受け継がれてきています。

牧口初代会長の『創価教育学体系』には「価値を価値たらしめているものは『生命』である」と明言されています。また、価値とは「人間の生命と対象との関係性」として、「有価値」と「反価値」に分けておられますが、牧口会長が生きておられたら、おそらく原水爆は反価値の中でも最悪の反価値であるとおっしゃられたことでしょう。

宮本 戸田第二代会長もすばらしい教育者でした。「核の奥に隠された爪《つめ》をもぎとり

アメリカ・ニューヨークのクーパー・ユニオン大学で行われた市民平和フォーラム

たい」と訴えましたが、この爪は人間の生命に潜む魔性《ましょう》を指しています。命を奪ってでも他人を自由に支配したいといった権力の魔性はその典型ですが、この〝生命の魔性〟をもぎとっていくためにも、欲望に踊らされない確たる人間へと変わっていかねばなりません。言い換えれば、戸田会長が力を注がれたように、「生命の尊厳《そんげん》」を尊重《そんちょう》する新しい世代を育成する以外に戦争の流転《るてん》を押し止めることはできません。

　ここにこそ、「平和」に果たす教育の役割があります。

渡邊　池田SGI会長の生命観も実に明確です。「生命に序列はない。誰もが生命をもっている。男女の違いもない。皮膚の色の違いもなければ、貴賎上下の差別も一切ない。民族の違いもない。一切、平等である」と――。言ってみれば、初代から二代、三代と「生命尊厳」の思想と、それを守る行動が脈々と貫かれています。

宮本　「生命の尊厳」を等しく万人が認めていく。お互いを尊敬すべき対等の存在として相互の向上を図っていく――私たちの運動の基軸《きじく》はここにあります。

「生命尊厳」を基調とした平和・文化・教育のネットワークはいま、世界１９２カ国・地域に広がっています。本年２００８年（平成20年）、発足33周年を迎えたＳＧＩですが、１９７５年（昭和50年）、発足当時の世界は東西冷戦の真っ只中にありました。

この緊迫《きんぱく》した戦争状態にあった米ソ、中ソの関係を「平和」「友好」に向かわせることを願って、池田会長（当時）は中国、ソ連、アメリカを次々と訪問。中国では周恩来総理、ソ連ではコスイギン首相、アメリカではキッシンジャー国務長官などの要人と忌憚《きたん》のない対話を重ねたのです。

渡邊　米ソ、中ソの関係改善の背景には「対話」と「信義」の橋を懸けようとした池田会長の勇気ある行動があったわけですね。

宮本　私はそう思っています。「あなたの根本的なイデオロギーはなんですか」とのコスイギン首相の問いかけに、池田会長は即座に答えました。「それは、平和主義であり、文化主義であり、教育主義です。その根底は人間主義です」と。コスイギン首相は感嘆した面持《おもも》ちだったそうですが、確信とわかりやすさがあってこそ、説得力を持ち、相手の理解と共感を得ることができるのだと感じました。

渡邊　まさに生き方にまで昇華《しょうか》された信念の披歴《ひれき》だったわけですね。私も、池田SGI会長のリーダーとしての卓越《たくえつ》した資質の一つは、対話やスピーチにおけるわかりやすさにあると感じています。

初代会長から二代会長へと受け継がれてきた「生命尊厳《そんげん》」の思想や創価教育の精神を、誰もが納得できるような平易《へいい》な表現で訴えてこられたからこそ、これだけ世界に広がってきたのではないでしょうか。

宮本　51カ国・地域のSGI代表が集った第1回「世界平和会議」で皆さんが綴《つづ》られた署名簿の国籍欄に、池田会長は「世界」と記されました。この平和会議で採択《さいたく》された「平和宣言」は、ＳＧＩの平和運動の原動力となっています。

ユネスコ憲章の前文には「人の心の中に平和の砦《とりで》を築かなければならない」と謳《うた》われていますが、「平和宣言」でも「一人ひとりの心の中に生命尊厳の要塞《ようさい》を築き、平和への人類普遍《ふへん》の精神的基盤を確立しよう」と訴えています。友だち一人ひとりの存在を「絶対至尊《しそん》の価値」と認め合える学校教育の場でなければなりません。「生命の尊厳」に基づく連帯《れんたい》を学校、地域へと広げていきたいですね。

渡邊　その通りですね。「連帯」のあるべき姿は、基本的には生命の連関性、つまり生命の連なり、生命のつながりを大切にすることです。この点、創価学会においては一貫して「生命の尊厳」を根底に「共生の世界」を志向してこられました。この生命のつながりを切ってしまうことは即、平和な状態を壊してしまうことになります。戦争や核兵器は、平和破壊の最大の元凶だと言わざるをえません。

宮本　いま、利己主義的な、悪い意味での個人主義が子どもの世界を覆《おお》っていることは否定できません。これも、人と人とのつながりを自ら断ち切っていることですし、他者の痛みに対する無関心がいじめや暴力にもつながりかねません。根本的には「生命」そのものの軽視になりますね。「人権」の面から言っても、「生命」という観点から言っても、マイノリティ（少数派）をつくらないことが大切です。日本人の生命は大事だけれども、他国の人々の生命は軽いなどといったことは絶対にありません。人間の尊厳、生命の尊厳を平和教育や国際理解教育の根底におく必要があります。

渡邊　欧米で「価値」として出てくるのは、「生命」よりも「尊重《そんちょう》」とか「責任」です。具体的な行動が問われます。日本では本質的なところが〝根《ね》なし草《ぐさ》〟になっている感じがします。

　科学が生命を分析的に捉《とら》えていったことも一因ですが、「生命誌」の研究で知られる中村桂子さんの、生命の本質を見る、生命を総合的に捉《とら》え、かつ長いスパンで見ることが大切との指摘に目を向けるべきです。また、社会全般の傾向としては、〝生かされている〟という感謝の気持ちが希《き》薄《はく》になってきています。教育全体のあり方として再考していく必要がありますね。

宮本　同感です。学校はもとより家庭や地域社会なども含めて皆が知恵を発揮して、「戦争は許さない」「生命を大切にする」ことを問い直す場を広げていくことが望まれますね。

「非暴力」の戦いは勇気ある「対話」から

渡邊 平和を考えるとき、核廃絶《はいぜつ》が最大のポイントである点は、誰にも異論はないと思います。ただ例えば、原爆を投下したアメリカと核の体験国である日本とでは、核自体に対する認識が違います。この認識の違い、溝を埋められるかどうかは、ひとえに「対話」にかかってくると言っていいでしょう。

宮本 身近な世界においても同様ですね。何かトラブルが起こったとき、暴力を使わないでどう問題を解決していくか。どんなに困難であっても、「対話」による解決が図られるべきです。そうであってこそ、子どもたちの現在と未来を守る教育の場だと言っていいでしょう。自分の立場にこだわってばかりでは、「対話」も進むものではありません。

渡邊 「平和」とか「人類の幸福」とか、誰もが願っている地平が志向されているならば、「対話」を通して立場の違いを超えた高みへと進んでいけるはずです。

宮本　インドのガンジーに象徴《しょうちょう》される「非暴力」の戦いも結局、「人間の尊厳《そんげん》」を求める「対話」の戦いに帰するのではないでしょうか。

渡邊　そう思います。ガンジーのことはよくご存じでしょうから、ここで彼に影響を与えた人物として、ロシアの文豪《ぶんごう》トルストイやアメリカ・ルネサンスの巨匠《きょしょう》ソローに触れておきましょう。実は私は、十数年前に日米倫理教育会議に出席したことがありますす。そのときに読んだのが、ソローの本『市民の抵抗』でした。日本でも翻訳《ほんやく》されていますが、ガンジーも間違いなく読んでいたと思います。

また、インドで奴隷《どれい》問題に苦しんでいたガンジーが、トルストイに手紙を書いていますす。アドバイスを求めたのでしょうが、トルストイには「怒るなかれ」「悪に抗するなかれ」「戦うなかれ」などの自分に課した五つの戒律《かいりつ》があります。

宮本　トルストイの非暴力主義が窺《うかが》い知れますね。

渡邊　ええ。ソローやトルストイなどの影響を受けながら、ガンジーは「非暴力」に対する認識を深めていったのかなと感じます。暴力や憎しみに暴力や憎しみで抵抗するのであれば、いわば負の循環《じゅんかん》になってしまう。それをどこで断ち切るかとなると、必然的に非暴力を貫《つらぬ》くことになってくることでしょう。

宮本 極めて勇気のいることですね。暴力を使わず「対話」を貫くわけですから。

渡邊 はい。勇気に基づく「非暴力主義の系譜《けいふ》」と捉《とら》えられると私は見ています。

宮本 1992年（平成4年）2月のことですが、池田SGI会長がインドの国立ガンジー会館で、ガンジーの直弟子といわれるガンジー記念館のパンディ副議長らと会談されました。更に「不戦世界を目指して──ガンジー主義と現代」のテーマで講演をされました。講演の当日が2月11日で恩師である戸田第二代会長の誕生日であること、師匠から弟子への「精神の継承」に触れるところから論を起こされたことを、いまでもよく覚えています。

ガンジー記念館館長のラダクリシュナン博士や有識者の方々とも交流されましたが、博士は後に『池田大作 師弟の精神の勝利』（栗原淑江訳）を著《あらわ》されました。そして釈尊、日蓮大聖人、ガンジーと人類の偉大な教師たちが宣揚《せんよう》した、すべての価値を池田博士は高くかかげておられる──と。私たちもまた、「暴力は絶対に許さない」という精神の流れを「対話」を通して世界へ、後世へ広めていかねばなりません。

アメリカ・ジョージア州アトランタのモアハウス大学で行われた
第１回ガンジー・キング・イケダ社会貢献賞授与式

渡邊　大いに期待しています。

宮本　いま、世界各地で反響を呼んでいる「ガンジー・キング・イケダ――平和建設の遺産《いさん》」展は、ガンジーやキングの精神を受け継ぐ存在が池田ＳＧＩ会長だと認めている証です。展示を構想・推進しているのはキング博士の母校モアハウス大学ですが、池田ＳＧＩ会長に名誉人文学博士号を授与しました。現在、１９２カ国・地域に広がるＳＧＩのメンバーが、池田ＳＧＩ会長の「生命尊《そん》厳《げん》」「平和」「共生」の思想、「非暴力」の実践を自分の生き方として社会貢献《こうけん》のネットワークを広げている事実は、現代の精神復興運動、普遍性を持った思想運動、平和運動と言えるのではと自負《じふ》しています。

渡邊 創価学会、SGIが推進されてきたように「生命の尊厳」を中核に置けば、当然、非暴力主義になっていくことでしょう。ガンジー、キングはもとより、ソロー、トルストイにもつながった広範《こうはん》な運動になっていくに違いありません。

トルストイには大作『戦争と平和』がありますが、「平和」は「戦争」とは対極にある概念です。この戦争がない状態を「消極的な平和」とすれば、「積極的な平和」は戦争がないだけではなく、貧困、飢餓、差別、偏見、暴力、いじめなどがない状態を指しています。

宮本 私も、平和の反対は戦争も含めた暴力なのではないかと思っています。

「平和学」の第一人者であるノルウェーのヨハン・ガルトゥング博士の言う「構造的暴力」は、一切の差別や抑圧《よくあつ》、貧困、飢餓《きが》、搾取《さくしゅ》、人権侵害《しんがい》といった家庭から国際社会まで含めて制度の構造が持つ暴力を意味しています。ガルトゥング博士と池田SGI会長は対談集『平和への選択』を編まれていますが、不信とか恐怖とか憎悪《ぞうお》といった、人間の悪しき性向によってもたらされたような束の間の安定も、決して平和な

池田ＳＧＩ会長に在東京アフリカ外交団から感謝状が贈呈された
（創価国際友好会館）

状態とは言えませんね。

渡邊　その通りです。国際連合食糧農業機関（ＦＡＯ）がまとめた２００６年（平成18年）の統計によれば、人間が生きていく上で最低限必要な栄養摂取量《せっしゅりょう》を取れていない人が、発展途上国などで約８億４千万人もいると報告されています。私もびっくりしたのですけれども、そういう状態も平和な状態とは言えません。

宮本　スイスにあるＵＮＨＣＲ（国連難民高等弁務官事務所）の発表によれば、２００７年末の時点で世界の難民の数は１６００万人に上っています。

このＵＮＨＣＲには私自身、創価学会青年

部で行った難民救援募金を届けたことがありますし、その後に入ったタンザニアの難民キャンプでは、南アフリカのモザンビーク侵攻《しんこう》から逃れた人々が、一日1ドルぐらいの予算で支援物資があてがわれる中で暮らしていました。世界にはいま、一日1ドル未満の収入で暮らす最貧困の人々が10億人はいるとも言われますが、そういうことを射程《しゃてい》に入れて平和を考えていかないと、恵まれた日本の中での平和論議になりかねません。

環境を異《こと》にする人間同士が、お互いに共有していけるような世界観を、教師自身が持つところから、平和教育や人権教育を考えていく必要がありそうですね。

渡邊 そう思います。私の研究室の学生が卒業論文の資料に1000人を対象にアンケートを取ったのですが、開発教育を知らない人が多かったと驚いていました。

私が最近、読んだ本の中にも、高校生以上の多くの人が、特に近隣のアジアの国々を世界地図に書けなかったとの記述があったことが印象に残っています。

「脱亜入欧《だつあにゆうおう》」の世界観が色濃く残る中で、「南北問題はどうなのか」といった問題意識も含めて、教育全般に痛みを共有したり、多様性を尊重《そんちょう》する視点が強調されるべきでしょう。

宮本　開発教育の眼目は人間の尊厳《そんげん》が開発され、人々が平和で豊かな生活を送っていけるようにしていくところにあります。しかし、発展途上国の現実はまだまだ悲惨《ひさん》です。アフリカで栄養失調の子どもたちの姿に愕然《がくぜん》とした経験を持つ女性教育者は、「まず現状を知ることが先決です」と強調していました。痛みや苦しみを共有する感情も知るところから生まれてくるとも語っていましたが、実は、今年（２００８年）は「日本アフリカ交流年」です。昨年の12月25日、アフリカ９カ国の大使が池田ＳＧＩ会長を訪れて、長年のアフリカへの貢献《こうけん》に対する感謝状を贈呈《ぞうてい》されました。「21世紀はアフリカの世紀である」――これは、池田ＳＧＩ会長が国連本部でアフリカ代表の方々に接した48年以上も前から宣揚《せんよう》してきたことです。１９９１年（平成３年）にも、26カ国のアフリカ外交団の総意として感謝状が池田ＳＧＩ会長に贈られました。「平和」をめざすには、世界に対する認識が全方位であるかどうか。アフリカやアジアの人々に対する開かれた感覚、誰もが〝地球の一員〟であるといった人間観を、私たちは学び取らなければなりませんね。

渡邉　学会の皆さんは他者のために尽くす活動をいろいろやっておられるわけですから、そこで得られたものを世界へ発信していただくといいのではないでしょうか。第１章で紹介されている久山賢一さんの平和教育への取り組みなど、大いに参考になることでしょう。

宮本　昨年（２００７年）10月、札幌市で実施した第30回全国人間教育実践報告大会でも、久山さんの教育実践は多大な共感と反響を呼びました。

渡邉　印象に残ったことの一つは、「教育は人を殺す」という事実を知ったことが、久山さんが平和教育を志す動機の一つだった点です。教育は一つ間違えば凶器《きょうき》になってきます。戦前の国家主義的な教育がいい例です。国家にとって都合のいい人間を目標に掲げ、生産する非人間的な教育が実施されたのですから。

宮本　国家主義的な教育の対極にあるのが人間主義の教育です。ベクトルが真反対なわけですから、子どもの幸福を第一義において価値創造力の涵養《かんよう》を図る創価教育を貫《つらぬ》いた牧口初代会長が、国家権力の弾圧《だんあつ》を受けたのは必然の結果ですね。

戦争への道を後押しした国家主義の教育、戦争を推進した軍部権力と戦われた牧口会長、戸田第二代会長は投獄され、牧口会長は獄中で逝去《せいきょ》されました。

渡邊　創価教育を評価する観点はいくつもありますが、反国家主義の精神もその一つです。三代にわたって一貫して継承《けいしょう》されてきた人間主義の精神に立って、教育本来の「教育が人を育てる」あり方への信頼を取り戻していかねばなりません。

宮本　人間を手段視する、人間をモノ化する――。残念なことですが、近年、憂慮《ゆうりょ》される場面がさまざまに目につきます。

渡邊　権力者の傲慢《ごうまん》が出てきています。国家主義的な、非人間主義的な傾向が見え隠れする今日、人間主義を貫く創価学会にはブレーキをかける役割があります。

宮本　責任の重さを改めて感じています。

考える教育から生まれる「平和」への行動

渡邊　久山さんの実践でもう一つ心に残った点は、考える教育、考えさせる教育の重要性です。イデオロギーや政治に左右される平和教育では、純粋な子どもの心を揺《ゆ》さぶれないと指摘したうえで、「なぜ戦争が起こるのか」を生徒たちに考えさせ、深化させていくことの重要性を感じたと彼は語っています。

この「なぜ」という問いを子どもたちに起こさせるような教育を、日本ではこれまでやってきたのかどうか。戦争の悲惨《ひさん》な写真などを見せて、だからこんな戦争はいけないと繰り返したとしても十分とは言えません。「なぜ、こんな戦争が起こったのか」を考えさせながら、理解を深めさせていくような場が必要なのです。それには子どもたち同士が「話し合う」時間も必要ですし、子どもたちからの疑問に教師が丁寧《ていねい》に応じていくことも大切でしょう。

宮本 日本の子どもたちの場合、考えるというより、答えを記憶《きおく》するような傾向が強いからこそ、最近は国際的な学力調査でトップクラスの成績を収めているフィンランドの「考え方を教える」教育が注目されているのでしょうね。

渡邊 考える教育、考えさせる教育は、都合のいい人間を生産しようとする勢力には疎《うと》ましいものです。教育が政治や経済に左右される、学問的には政治的教育主義とか経済的教育主義と言っていますが、何が問題かと言えば、人間の視点から教育を考えていません。この人間の側からのスタンスを核にしておけば、状況に左右されることもありません。

宮本　そういう面で心に残っているのは、教育本部の訪中団に対する中国の対応です。一昨年（2006年）の夏でしたが、創価学会の三代の会長が一貫して平和を訴えてきたこと、その故に牧口初代会長、戸田第二代会長が軍国政府に逮捕《たいほ》され、投獄される中で、初代会長が獄死した、殉教《じゅんきょう》でしたと伝えますと、中国側の皆さんの表情が変わってくるのです。

渡邊　なるほど。創価学会の人間主義、平和主義は軍国主義、ファシズムと戦い抜いた歴史的事実に裏付けされていますからね。

宮本　創価の三代に受け継がれた人間主義、平和主義は、池田ＳＧＩ会長が「対話」を基軸《きじく》にした人間外交、民間外交を展開されたことによって、普遍性《ふへんせい》を持って国家を超えつつあります。中国の多くの教育関係者にお会いする中で、そのことを心から実感しました。

本年2008年は「日中平和友好条約」が締結《ていけつ》してから30周年の意義ある年です。ちょうど10年前、当時まだ副主席だった胡錦涛《こきんとう》主席と池田ＳＧＩ会長が会見されたこ

池田第３代会長が第１１回学生部総会の席上日中国交正常化提言を発表
（東京・日大講堂）

とがありました。そのとき、日中関係がアジアと世界の平和、発展、安定にどれほど深くかかわっているかが語り合われる中で、副主席が、「池田先生は中日友好の発展、文化と教育と青年の交流に多大な尽力をされてきました」と感謝されていたことが忘れられません。「日中平和友好条約」の締結には、それより10年前の１９６８年（昭和43年）９月８日に発表された、池田ＳＧＩ会長の「国交正常化提言」があったことは、中国の指導者や有識者がよく知るところです。

この提言を周恩来総理が高く評価されたことが、１９７４年（昭和49年）12月のお二人の出会いとなったことも私たちの訪中の折、話題に上りました。

渡邊　中国には私も何回か行ったことがあります。日本と中国の関係をはじめ、日本とアジア、日本とアフリカといった国際交流、友好交流を深めていけるかどうかは、どこまで相手の立場に立てるかにかかっています。それには自分自身が内省《ないせい》する、リフレッション（振り返り）する必要があります。

そうしないと、本当の意味で相手の立場に立つことができないからです。実際、リフレッションしたり、想像したりする授業の場になっているかというと疑問です。やはり十分な「対話」がなされていませんから。

宮本　おっしゃるように「考える」「話し合う」と言っても、なかなか上手《うま》くいかないようです。コミュニケーションスキルを教えていく必要性を感じている教師も少なくありません。それでは思考する力、対話する能力の涵養《かんよう》を家庭に任せられるかといったら、少子化状態にある家庭の状況が変わらない限りは難しいでしょうね。

渡邊　昔は異年齢の子ども集団がありました。遊びの中でルールを決めたり、話し合ったりが自然になされていましたから、相手の言うことに耳を傾けたり、自分の思っていることを伝えたり、成長する中で身についたものでした。いまはやはり、学校の中で「話し合い」の場を作る必要があります。小学校だったら、低学年、中学年、高学年と段階を踏んで、発表することから話し合いへとプロセスを踏まえたプログラムが望まれます。

私は「話し合い」を含めて「考える力」を養っていく基盤を築くヒントとなるものが、かつて池田SGI会長が「地球市民」が備えるべき三つの資質として提示された「智慧《ちえ》の人」「勇気の人」「慈悲《じひ》の人」だと捉えています。

宮本　1996年（平成8年）6月にアメリカのコロンビア大学ティーチャーズ・カレッジに招かれた池田SGI会長が、講演「『地球市民』教育への一考察」で提示された視座ですね。一つは、生命の相関性を深く認識しゆく「智慧の人」です。そして二つ目が、人種や民族や文化の〝差異〟を恐れたり、拒否するのではなく、尊重《そんちょう》し、理解し、成長の糧《かて》としゆく「勇気の人」、三つ目が、身近に限らず、遠いところで苦しんでいる人々にも同苦し、連帯《れんたい》しゆく「慈悲の人」になります。

渡邊　この三つは傾聴《けいちょう》すべきです。「考える力」を養うには知・情・意のバランスが欠かせませんから。牧口初代会長から継承《けいしょう》発展してきた創価教育は、知恵の教育そのものです。戸田第二代会長は「知識は知恵を開く門」、池田ＳＧＩ会長も「知識より知恵です。その知恵を持っているかどうかだ」と述べられています。知っている内容や知られている事柄が知識です。それに対し、物事の道理や筋道を知って、是非善悪をわきまえて処理できるかどうかが知恵なのです。

宮本　久山さんの実践で言えば、自分で実際に〝おばあ〟たちの戦争体験を聞き、自分で想像力を働かせ、平和をどうするかを考え、行動することは、まさに知恵を発揮して物事を処理しようとする振る舞いが出てきたことを意味していますね。

渡邊　その通りです。池田ＳＧＩ会長との対談集『対話の文明』の中でハーバード大学のドゥ・ウェイミン教授が、乳母《うば》に育てられたと感謝されていた点にも通じます。乳母は農村出身で読み書きもできなかったそうですが、彼女の語る物語や逸話《いつわ》や格言から、幼い頃のドゥ教授は庶民の知恵を学んだというのです。彼女が口伝えに教えてくれた公正、勇気、友情、誠実といった価値観が幼い精神を高揚《こうよう》させてくれた――と。

二番目の「慈悲の人」は、慈悲、思いやりとしての感情ですね。相手の立場になって考える、相手の国の立場になって考えることは、やはり慈悲の問題でしょう。どう慈悲の心を養っていくかは、学校でも家庭でも心がけなければなりません。この慈悲の心も、牧口初代会長から池田SGI会長へと受け継がれてきています。

宮本　慈悲、相手を思いやる「優《やさ》しさ」は、他者を憂慮《ゆうりょ》する強さに支えられているのだと思います。〝人間を苦しみから救いたい〟との慈愛の情熱と行動にこそ、共感を結びゆくカギもあるのではないでしょうか。

この点で私は、南アフリカのアパルトヘイト（人種隔離《かくり》）撤廃《てっぱい》をもたらしたネルソン・マンデラ氏を突き動かしたものは〝白人への憎悪《ぞうお》〟ではなく〝人間への慈愛〟であると、池田SGI会長が語っておられたことが忘れられません。マンデラ氏がSGI会長と会談されたのは1990年（平成2年）10月、1万日もの獄中闘争《ごくちゅうとうそう》から出獄されて半年後のことでした。その後も親交を深められています。

渡邊　池田SGI会長は身近に限らず、遠いところで苦しんでいる人々にも同苦し、連帯《れんたい》しゆくことが「慈悲」であると述べられています。アフリカのような遠いところであっても、他者を思いやる想像力を働かせることはできるのです。そのためにも痛みを分かち合ったり、共感し合えるような活動体験、「話し合い」の場が必要になってくるのだと思います。

三番目が「勇気の人」、知・情・意のバランスで言えば、「意」ですね。意志決定能力とも言えますが、いま、付和雷同的《ふわらいどうてき》な子が多いし、決断力に欠ける子も少なくありません。やはり直接・間接両方の生活上の活動体験や対話の充実が欠かせないでしょう。平和のための教育を「考えさせる」ためにも、知・情・意のバランスをいかに高めていくかが課題です。

宮本 よく考えて、自分の意思で判断する――このような力が子どもたちに培《つちか》われていくならば、自分の行動に対しても自分で責任をとれるに違いありません。

私も卒業生の一人なのですが、創価学園生の間では創立者から示された指針「他人の不幸の上に自分の幸福を築かない」が自分たちの信条となっています。日中教員の交流会の折にも、この信条に深く頷《うなず》いている人が大半でした。

渡邊 すばらしい信条ですね。平和教育のシステムやカリキュラムの問題など課題はいろいろありますが、世界平和を実現していく基盤となるものとして、国家の利害を

池田ＳＧＩ会長、アフリカ民族会議のネルソン・マンデラ氏と会見
（聖教新聞社）

超える教育次元の交流と協力が求められるでしょう。この点で、私は池田ＳＧＩ会長が、三十数年以上も前から主張してこられた「教育国連」構想にもっと目が向けられるべきだと思います。

宮本　いわゆる立法・司法・行政の三権に加えて「教育権の独立」を確保する「四権分立」を世界的規模で実施する機関を、国連の中に設けようというものですね。

初めて発表されたのは１９７３年（昭和48年）10月、来日中の学生たちが集ったアメリカ学生部総会に贈られたメッセージの中だったと記憶《きおく》しています。

教育は次代の人間をつくる尊い作業です。

政治権力によって左右されない「教育権の独立」は世界的なレベルにおいても満たされて然《しか》るべきでしょう。「教育国連」の提唱《ていしょう》は、各分野の国際協力を支える〝われら地球人〟という意識を根づかせる啓発的《けいはつてき》教育のためでもありますね。

渡邊　池田SGI会長は国連を通して「世界教育宣言」を採択《さいたく》すべきだと提案されてもいますが、それこそが「世界市民」教育はもとより「平和と非暴力」の教育、「子どもの幸福」を目的とする教育を、人類が推進していくための共通規範《きはん》となると考えておられるのではないでしょうか。

宮本　そう思います。牧口初代会長が『人生地理学』の中で示された「郷民」「国民」「世界民」といった、人間存在のあり方を身につける教育が望まれますね。

渡邊　そのような青少年を育《はぐく》んでいくためにも、郷土から国家、民族そして世界へと価値の創造を行っていく「世界市民」を育成しようとする牧口会長の教育は評価されるべきです。その先駆性の延長線上に、戸田第二代会長の「地球民族主義」の提唱《ていしょう》がありますね。

宮本　ええ。戸田会長は一国を超え、一民族を超え、人類という見地から一人ひとりが地球民族、世界民族としての自覚を持つとき、争いのない平和な社会が現出すると主張されています。

渡邊 一人ひとりが地球民族である――これは、〝自分は同じ地球に生きる人間である〟との意識を持った「世界市民」創出への叫びですよ。

友誼の心で世界を結ぶ「開かれた対話」

宮本 思想やイデオロギーや文化の壁を超えて、池田ＳＧＩ会長は７０００人を超える世界の指導者、世界の文化人・平和関係者などと「対話」を重ねてきました。その率先の行動を最高の模範《もはん》として戦ってきたからこそ、ＳＧＩはいま、世界１９２カ国・地域に平和・文化・教育のネットワークを広げてくることができました。

ここで「世界市民」に欠かせない「開かれた対話」について考えておきましょう。

渡邊 「対話」は目的によって二つに大別できるのではないでしょうか。人間が日常生活を営む上での狭義《きょうぎ》の意味での「対話」と、人類の平和の文化創造を目的としたような広義の意味での「対話」です。つまり、生活上の人間関係的な視点からの「対

「平和の創造者」を輩出するアメリカ創価大学

話」と理想主義、平和主義的な視点からの「対話」です。池田ＳＧＩ会長は「これまで、多くの識者と対話を積み重ねて、世界に教育と友情のネットワークを築いてきたのも、真の人間主義を基調とする世界市民教育こそが、人類の『平和の文化』創造のために絶対に不可欠の土台であると、強く確信してきたからである」（『希望の世紀へ』）と明言されています。このような人類の「平和の文化」の創造という崇高《すうこう》な理想を掲げながら、創価学会の三代の会長は「開かれた対話」を積極的に展開してこられたのです。

宮本　「対話」と言えば、ソクラテスの「対話」が有名ですが、人間が人と人との間と表現されるように、人間と共に「対話」はありました。

渡邊 その通りです。「対話」即ち「ディアロゴス」は、もともと「人間と人間との間におけるロゴス」、つまり言葉、論理を意味しています。人間と人間とが互いにロゴス的な接触《せっしょく》を通して生きていくことが「対話」の教育的意味であり、この「対話」から相手に向ける認識も生まれると考えられていたわけです。

プラトンはソクラテスのディアロゴスの精神を、次のように表現しています。「ことがらそれ自身についての久しい交《まじ》わりが行われる間に、その交わりと共同生活の中から、いわば光が流れ火によって点ぜられるように、忽然《こつぜん》として魂に点ぜられるのであり、点ぜられたのちは自分で自分を養っていく」（村井実著『ソクラテスの思想と教育』）と。

宮本 「対話」を通して魂に点ぜられたものが、人間的な成長を促《うなが》していくわけですね。池田ＳＧＩ会長も「対話とは、人びとを結びつけ、相互の信頼関係をつくり出していくためのかけがえのない〝磁場《じば》〟であり、善なる力の内発的な薫発《くんぱつ》によって互いの人間性を回復し、蘇生《そせい》させていく力の異名ともいえる」（「『教育の世紀』へ」）と述べています。

渡邊　池田SGI会長がおっしゃるように、「対話」はお互いが引きつけ合う〝相互作用の場〟であり〝触発《しょくはつ》の場〟にほかなりません。心引かれるのは「薫発《くんぱつ》」という言葉です。穏《おだ》やかな初夏の風を「薫風《くんぷう》」と表現するように、「薫発」とは穏やかに自己を啓発していくことと理解していいでしょう。池田SGI会長の優《やさ》しいお人柄が、この「薫発」からにじみ出てくるように感じられてなりません。

宮本　人の心がわかる人、人の苦しみに同苦できる人が優しい人なのでしょうね。最も人間らしい人格の輝きです。お互いに認め合う関係性を基盤としながら、相手の言い分に耳を傾け、自分の意見もぶつけながら、共々に高め合っていくのが「対話」の基本ですね。

渡邊　そう思います。仮にお互いの間に何かトラブルがあったとしても、話し合っているうちに知恵が出て問題が解決していく。それが、本当の「対話」ですよ。「対話」はやはり「聴く」ところから始まるのだと思います。

この耳偏の「聴く」と門構えの「聞く」とは違いがあります。いわば音が自動的に聞こえてくる、耳に入ってくるのが「聞く」であり、英語でいえば「hear」に当たります。それに対し「聴く」には意識的に聴く、傾聴するというニュアンスがあります。いわゆる「listen」です。

この「聴く」行為がお互いにあってこそ、相互的な関係における変化を受け入れながら、「対話」が継続され、共々に高め合う、物事を創造的に発展させていくことができるのです。

宮本 ボールディング博士も、「平和の文化」は「聴く」ことから始まると言われています。ただ、「魂《たましい》と魂の触れ合い」のある「生きた対話」が子どもの世界でなされているかと問われれば、学校でも家庭でも「否」と答えざるをえないでしょうね。子ども同士の口げんかでも、相手の言い分に耳を貸そうともしませんし、どちらかが手を出してしまう。暴力的な決着になりがちだと、中学校の教師が嘆《なげ》いていました。

渡邊 おっしゃる通り、「対話」に耐《た》えられない子どもたちの現実があります。現代っ子の「対話からの逃避《とうひ》傾向」について、最近読んだ多田孝志氏の『対話力を育てる』には「引きこもりも、会話拒否も、携帯電話やインターネットへの執心も、結局はしっかり他人と向き合い、話をするということ自体からの逃避《とうひ》である」と、ありました。

残念ながら、相手としっかり向き合って対話する相互作用型や意味生成型の子どもは、ほとんど見うけられません。

宮本　ソクラテスはいみじくも「言論嫌い（ミソロゴス）」を「人間嫌い（ミサントローポス）」と同根としていました。

池田SGI会長は今年の1・26「SGIの日」記念提言「平和の天地――人間の凱《がい》歌《か》」の中で「言論を忌《い》み嫌うということほど、不幸なものはありえない」（藤沢令夫訳「パイドン」、『世界古典文学全集14　プラトン1』築摩書房）というソクラテスの言を取り上げながら、「人間が善き人間であろうと、つまり叡智人《えいちじん》（ホモ・サピエンス）たらんとすれば、同時に言語人（ホモ・ロクエンス）として、対話の名手でなければならない」と訴えています。

渡邊　「文明間の対話」を重ねてこられた池田SGI会長ならではの毅然《きぜん》たる言葉ですね。この人間としての誇りと言いますか、自分に対する自信を子どもたちが持ち得ていないことが、対話できない一因になっていることは明らかです。

宮本 教師の皆さんのお話を伺っても、自己肯定感《こうていかん》に欠ける生徒たちを見ていて、親や周囲の人々からじっくりと「聴いてもらった」体験が乏《とぼ》しいのではないかと感ずることがよくあるそうです。もっと言えば「聴いてももらっていない」のかもしれません。

子どもたちの言動を見守るより先取りして、自分の要求を押しつけるような大人《おとな》が少なくありませんから。叱られてばかりでほめられた経験が少なければ、子どもが自信を持てなくても当然ですし、ほめ上手の親はそれだけで子どもの自信を引き出す達人と言っていいのかもしれません。

渡邊 昨秋、千葉県人間教育実践報告大会にお招きを受け、三人の先生方の感動的な実践を伺《うかが》いました。

共通していたのは「子どもにとって最大の教育環境は教師自身である」との責任感であり、子どもたちとの「開かれた対話」が貫《つらぬ》かれていることでした。この二つは、牧口初代会長から戸田第二代会長、そして第三代の池田会長へと継承《けいしょう》されてきた人間主義の精神の表明にほかなりません。子どもたちの「幸福」を第一義に考えた慈愛に満ちたかかわりだと言っていいでしょう。

例えば、小学校の女性教師の方は、具体的に「ほめて伸ばすこと」を心がけ、子どもたちの良いところを見つけることに腐心《ふしん》されます。また子どもたちと一対一で向き合い、彼らの話をよく「聴く」ところから根気強く話し合いを続けた点に、私は胸打たれました。

宮本　温かい励ましに心から感謝します。この大会に寄せられた池田ＳＧＩ会長のメッセージにも「生きた言葉」とは心と心が触れ合い、生命が生命を揺さぶる「真実」と「愛情」の言葉であるとありましたが、三人の実践には教師と子ども、子どもと子どもの間に「生きた言葉」が飛び交っていたのではないかと思います。

「一対一の対話こそ第一義であり、要中《かなめ》の要である」（『子どもの世界』）と池田ＳＧＩ会長は述べていますが、教育というのは「対話」がすべての根底にある気がします。教育本部で展示を行い、ブックレットにも纏《まと》めた『輝く子どもと人間教育――「教育のための社会」へ』に私たちの活動を紹介していますが、「対話」がキーワードです。

渡邊　神奈川県の横浜市で開かれた展示会「輝く子どもと人間教育プラザ」には、私もお招きを受けて足を運びました。日常的に子どもたちとかかわっておられる教育本部の皆さん方の慈愛と知恵が随所《ずいしょ》に感じられて、教えられることが多かったことを思い出します。

〝とらわれの鎖〟を断ち切れば尊敬の「対話」が

宮本　ありがとうございます。教育本部では教育相談室の活動も粘り強く進めています。不登校をはじめ、子どもたちの問題行動の背景には、心と心のコミュニケーション不足が横たわっています。やはり「対話」の心、「対話」の精神、「対話」のスキルといったものを積み上げていく必要があります。いわんや、これからは多文化共生社会が進行していくことでしょう。言葉や文化の違いを乗り越えていかなければなりません。

これは、シンガポールから3週間ほど体験留学した子を受け持った女性教師の話ですが、この子は家庭では中国語、現地の学校では英語と北京《ペキン》語ですから、日本語はほとんどしゃべれません。うまくなじんでくれるか心配だったそうですが、子どもたちはアッという間に身振り手振りを交えて遊んだり、勉強したり……。人間としての絶対の信頼感と言いますか、差別なき心が国際人になる出発点だと痛感したと語っていました。

渡邊　子どもたちの素《す》の部分、素心《そしん》はまぶしすぎますね。知識や地位などにとらわれない分、言葉よりも顔や目の表情、ジェスチュアなどで心が伝わりやすいのです。大人はパーソン・ウイズ・プラスアルファにこだわり過ぎですよ。

宮本　池田ＳＧＩ会長は「『教育の世紀』へ」の中で「二十一世紀のカギを握るのは、民衆が強くなり、賢明になり、連帯《れんたい》していくことです。また、そのために必要となるのが、人間と人間との『開かれた対話』です」と述べられています。子どもたちを強く、賢くする「開かれた対話」を日常的なレベルで重ねていくことは教育者の責任ですね。

渡邊　その「開かれた対話」を可能とする基本的な条件として私は、池田ＳＧＩ会長の指摘に耳を傾けるべきだと思っています。つまり、「独善的なイデオロギー、小さな利害、感情、誤った知識や先入観、根本的には人間と生命への無知。この『とらわれ』の鎖《くさり》を断ち切れば、相手を『人間として』尊厳《そんげん》できるようになる。そこから『人間として』の対話が始まります」（「『教育の世紀』へ」）と。

　現在、地球上には言語、宗教、風俗、習慣などを異《こと》にする人々が民族を形成し、生活を営んでいます。意見が異なる場合が当然、出てくるわけですが、池田SGI会長がおっしゃっているように、ある一定の「とらわれ」の鎖を断ち切れば、そこから相手を人間として尊敬した上での「開かれた対話」が始まるのです。

宮本　それには勇気が欠かせませんね。ときには〝生みの苦しみを共にする〟くらいの勇気を持って語り合い、知恵を発揮しながら地球的問題群の解決に向けて働いていくことが、人類の未来を明るくしていく道なのではないでしょうか。

渡邊　同感です。日本人はどうしてもパーソン・ウイズ・プラスアルファの部分にこだわりがちです。本当はもっと本質的な部分を見ていくべきですが、どうも〝とらわれの鎖〟を断ち切れません。もっと核としての人間、人格そのものを見ていく必要があります。

宮本　それに関して、アメリカのアイダホ大学名誉教授ニコラス・ガイヤ博士が池田SGI会長の人格に触《ふ》れ、〝他者に心を開くことのできる勇気があられる〟と賛嘆《さんたん》されていたことが忘れられません。この真の勇気なくしては、思想や文化の異なる人々との「開かれた対話」も「友好・交流」も絵に描いた餅《もち》になりかねません。

ガイヤ博士は、池田SGI会長の著作『私の仏教観』をおよそ30年間にわたって大学の授業の教材として使用されてきた方です。博士は、地球市民の条件の一つは〝責任感〟にあると語っておられますが、レスポンス（反応）とアビリティ（能力）がくっついた英語の「レスポンシビリティ」は、日本語では〝責任〟を意味しています。つまり、自発と自立の心根から発する真の責任感は〝相手の心に反応できる能力〟ということになります。

具体的には、相手の心の奥にある声にならない声までしっかり聴きとって、的確な対話、素早い対応ができてこそ、責任感に裏付けられた信頼の絆《きずな》が深められていくのではないでしょうか。

渡邊　池田SGI会長は、この〝相手の心に反応できる能力〟が抜群に優れておられるのではないでしょうか。

「開かれた対話」から生まれた文明と文明を結ぶ対談集が50冊にも及び、さまざまな言語で出版されているのは、その何よりの証《あかし》ではないかと感じています。「開かれた対話」には〝とらわれの鎖《くさり》〟を断ち切る勇気に加えて、「寛容《かんよう》の精神」と「謙虚な人柄」が大事です。対話をする自分の心が開いていなければ、相手の心も開いていくものではありませんから。

その点で「対話」の基本は「他者や他文明を認める寛容の精神」とのドゥ教授の言葉には共感を覚えました。池田SGI会長との対談集『対話の文明』は、中国の名著100冊にも挙げられていますね。

宮本　はい。「寛容」は無原則な妥協《だきょう》とは違います。

牧口初代会長も、戸田第二代会長も、この無原則の妥協が温床《おんしょう》となった軍国主義と徹底的に戦ったわけですが、人間の尊厳《そんげん》や生存の権利を脅《おびや》かす権力の傲慢《ごうまん》や暴力の横《おう》暴《ぼう》は、絶対に許さないという強い心と真の「寛容」は、表裏一体だと言っていいでしょう。

「寛容」は他者や他文明の立場に立って世界を見つめ、共鳴していく生き方であり、異なる文化と対話し、学び合い、相互理解を深めていく姿勢ですね。寛容の対極は憎悪《ぞうお》です。この憎悪の連鎖《れんさ》も断じて断ち切らなければなりません。

渡邊 異なった文化や文明間の対話が成立していくには、やはり「学び合う」という「謙虚な心」が欠かせません。

互いが学び合ってこそ、文明の対話は真の意義を持つのです。だからこそドゥ教授は「学ぶことをやめ、他人に教えるのだとの高慢《こうまん》な態度を持つ文明や人間は、必ず衰《すい》退《たい》していく」(『対話の文明』)と断言するのです。

「学び合う」ためには問題や事柄を共有化する必要があります。世界的な平和教育を考える場合も、いま、平和でない状況があることを共有化して話し合う場がなければなりません。

そういう意味でも「教育国連」のようなところで「話し合う」場を持つことは非常に重要です。

宮本 異質なものに橋を架《か》けていく中でお互いが高め合っていく——その生命の啓発

作業が「対話」であり、ここに「平和の文化」を育む大地を耕す教育の大きな役割があるということですね。

創価学会の三代の会長は、一対一の「開かれた対話」を基盤としてお互いを高め合い、人を救い、文化を育み、平和を推進する活動を不断に進めてきました。三代の会長、とりわけ「開かれた対話」の最高の模範《もはん》として池田SGI会長に学び、人間として、人類の一員として人類の共存共栄、世界の平和創出へ貢献《こうけん》していける人生を体現しながら、後に続く世代にそうした生き方を伝えていける人間に成長していかなければと心を新たにしています。

編集後記

このたびの『平和の世紀へ——子どもの幸せをめざして』の刊行に当たっては、何よりもまず読者の皆さんの使い勝手を念頭に置き、B6判の簡便で持ちやすいソフトカバーにしました。

ブックレットスタイルの小冊子は、教育本部として２００６年2月に発刊した『輝く子どもと人間教育—「教育のための社会」へ』に続く2冊目になります。この『輝く子どもと人間教育』は、現在も各地で開催されている展示「輝く子どもと人間教育プラザ」の内容を要約したものです。いろいろとご利用いただいていますが、この『平和の世紀へ—子どもの幸せをめざして』も大いにご活用いただければ、幸甚です。

本書をまとめるに際しては、多くの方々のご協力をいただきました。心より感謝申し上げます。

第1章に取り上げる実践事例は三万事例の中から寄せられた50点ほどの実践事例が

ベースになっています。どの実践からも、涙ぐましいほどの日頃の努力が伝わってきてなりませんでした。刊行委員会としては正直、選ぶのに苦労しましたが、「平和の世紀」への本書の眼目や、できるだけ幅広い実践例を、との観点から、9題に絞らせていただいたことに寛大なご理解をいただきたいと思います。

第2章の対談に関しても、高校教諭の江間宏治さん、中学校副校長の斎藤実さん、小学校教諭の安部由喜子さん、更には開発教育に携わってきた熊谷てるみさんには貴重な実践やご意見を寄せていただき、たいへん参考になりました。ありがとうございました。

加えて、「平和の世紀」をより明確にイメージするために、池田SGI会長の対談や平和提言などを真剣に学ばせていただきました。本書の行間からにじみ出る創価学会、SGIの生命観、人間観、平和観といったものが、読者の皆さんの共感を呼び起こしていくことになるならば、刊行委員会としてこれに勝る喜びはありません。

創価学会教育本部『平和の世紀へ――子どもの幸せをめざして』刊行委員会

平和の世紀へ
子どもの幸せをめざして

二〇〇八年一一月一八日　第一刷発行
二〇〇九年　二月　四日　第六刷発行

創価学会教育本部

発行者　榎本尚紀
発行所　株式会社　鳳書院
〒一〇一—〇〇六一
東京都千代田区三崎町二—八—一二
電話〇三—三二六四—三一六八（代表）

印　刷
製　本　東陽企画印刷株式会社

定価はカバーに表示してあります。

ISBN978-4-87122-151-1